Que quiere
decir

nacer
de
nuevo

JOHNNIE GODWIN

≋CASA PROMESA
Una división de Barbour Publishing, Inc.

Traducido al español por Miguel A. Mesías E.

Publicado por Casa Promesa, P. O. Box 719, Uhrichsville, Ohio 44683, www.casapromesa.com.

Nuestra misión es publicar y distribuir productos inspiradores que ofrecen valor excepcional y estímulo bíblico a las masas.

Member of the
Evangelical Christian
Publishers Association

Impreso en Estados Unidos de América.

A
Phillis
quien por más de sesenta años
me ha ayudado a hablarles a otros
de lo que quiere decir nacer de nuevo.

Prólogo

Es importante que algún intelectual cristiano intente aclarar el concepto del nuevo nacimiento. Desde el tiempo de Nicodemo, esta experiencia ha sido todo un rompecabezas para los que no la han tenido, y no nos sorprende que muchos todavía la consideran como un acertijo. Me alegro de que salga a la luz un libro que se caracteriza por su claridad de pensamiento, firmeza de convicción, y sencillez de estilo. El estilo de la presente obra se brinda admirablemente para su propósito porque quienes necesitan mayor aclaración apreciarán su enfoque directo y sin complicaciones. Muy temprano en mi carrera como autor me di cuenta de que es genuinamente posible expresar las más profundas verdades en lenguaje fundamentalmente sencillo. Vi que la obscuridad no es ordinariamente característica de la profundidad. El autor de este libro, y me alegro decirlo, no ha tenido temor de ser claro y concreto.

En un sentido profundo el presente volumen está realmente dedicado a un comprometerse. Eso es necesario ¡porque el creyente es el que se compromete a Jesucristo! No es alguien que aduce ser justo, sino alguien que afirma haberse comprometido. Es esta experiencia de compromiso lo que trae un nuevo centro a los esfuerzos confusos de una persona, y en un asombroso número de casos, produce un carácter realmente nuevo. El nuevo carácter, siendo finito, puede todavía cometer errores y en realidad los comete; pero ese no es el hecho primordial. El hecho primordial es que todos los poderes de la persona ahora se emplean de una nueva manera y que sus movimientos son dignificados por una nueva dirección. Es un planeta errante que se estabiliza en sus movimientos al entrar en una nueva órbita.

Hay una mayor diferencia entre el cristianismo nominal y un cristianismo completamente comprometido, que la que hay entre el paganismo y un apego nominal a la cultura cristiana. Johnnie Godwin escribe sobre el segundo paso, y ese es el de magnitud genuina.

D. Elton Trueblood

Prefacio

Escribí este libro para ayudar a explicar lo que significa nacer de nuevo. En días recientes los predicadores han predicado suficientes sermones sobre lo que quiere decir nacer de nuevo como para llenar varios libros. El tema ha sido parte de las revistas religiosas y seculares, así como de entrevistas por televisión. La gente está obviamente interesada en saber lo que quiere decir nacer de nuevo. Junto con el interés que la gente tiene, hay muchos malos entendidos e información incorrecta. El interés popular, la necesidad de respuestas acertadas, y mi dedicación a guiar a las personas a experimentar el nuevo nacimiento me han llevado a escribir este libro. Por supuesto, me doy cuenta de que ningún libro puede decir todo lo que significa el nuevo nacimiento y todo lo que implica. Sé que he escrito basado en mi experiencia y perspectiva, y que otros tomarían un enfoque diferente. Sin embargo, confío en que Dios usará las palabras de este libro para que otros puedan responder a la pregunta última con: "Sí; he nacido de nuevo; Dios ha perdonado mis pecados, y estoy más feliz que nunca en mi vida".

En el primer capítulo he enfocado sobre quién hace la pregunta respecto a nacer de nuevo, y por qué. Desde allí pasé a trazar la fuente bíblica del término, mostrar algunas de las nociones en la historia del cristianismo, y luego a explicar los cambios que tienen lugar en la experiencia del nuevo nacimiento.

He tratado de apegarme al habla de la gente, el lenguaje que usan todos los días, excepto por los términos clave, los mismos que he tratado de definir lo más sencillamente posible. Tengo una firme convicción de que nadie tiene que pedir disculpas por tratar de expresar mensajes profundos en un lenguaje sencillo. Sin embargo, el lenguaje tiene sus limitaciones. Usted leerá sobre un hombre llamado Charles en la última parte del libro. Cuando llegaba al final del libro me sentía tan inadecuado como cuando dejé a ese amigo nacido pero no de nuevo. Con todo, anima saber que Dios puede obrar, y obra, mediante nuestras limitaciones. Espero que esa será su experiencia al leer lo que he escrito.

Estoy agradecido a todas las personas que me han ayudado a escribir este libro. Estoy especialmente agradecido al Dr. Grady C. Cothen por sugerir el libro, y a Melody Gill por la investigación especial.

Gracias a usted por querer saber más de lo que quiere decir nacer de nuevo.

—Genuinamente,
Johnnie Godwin

Tabla de Contenido

1. ¿Nacer de nuevo?

QUERIDA ABBY: Por favor explíqueme en lenguaje fácil de entender lo que la gente quiere decir con eso de "nacer de nuevo", o "nacer otra vez". Gracias.

B.H. Clay City, Ill.

Más gente que nunca parecen estar preguntando lo que quiere decir nacer de nuevo. Muchas personas que no están haciendo la pregunta tienen toda una variedad de pensamientos respecto a lo que significa ese término. Mezclado con respuestas acertadas hay muchísimas respuestas erradas e implicaciones equivocadas respecto a lo que quiere decir en el siglo veintiuno nacer de nuevo.

Puesto que la pregunta es popular, y puesto que nacer otra vez es lo más grandioso que puede pasarle a los que han nacido una vez, este libro parece ser necesario. Veremos eso incluso más claramente al examinar quiénes están preguntando lo que quiere decir nacer de nuevo.

¿Quiénes están preguntando?

Por la nota que escribió la persona que "Querida Abby," mencionó en su columna en el periódico, podemos dar por sentado que la gente quería saber lo que quiere decir nacer de nuevo. O, por la forma en que expresó la pregunta, por lo menos sabemos que quien la escribió quería una respuesta en la forma de hablar de todos los días y que pudiera comprender. No le interesaba una respuesta en lenguaje de vitrales catedrales.

La respuesta de Abby estaba bien. Dijo: "Quieren decir que han aceptado a Jesucristo como su Salvador personal, y han puesto en él su fe y han confiado en él". Aun cuando la respuesta era bastante acertada, a la gente del salón de billares a lo mejor le hubiera gustado que le dieran mayores detalles; y les hubiera gustado saber más de la experiencia de nacer de nuevo. Este libro les ayudará con una respuesta más completa a su pregunta, y en lenguaje que pueden entender.

La gente en muchas partes quiere saber lo que quiere decir nacer de nuevo. Al Dr. James L. Sullivan. quien fuera presidente de la Convención Bautista del Sur en 1976, un editor de las crónicas religiosas de un diario metropolitano le preguntó: "¿Quiénes son estos bautistas y qué quiere decir 'nacer de nuevo'?" Más tarde Sullivan comentó sobre quien le preguntó y su pregunta: "La recibió en términos no teológicos, pero dijo: 'Ah, gracias por ayudarme a comprenderlo'".

Los políticos y la gente que se preocupa por la política quieren saber qué quiere decir nacer de nuevo. Gente de varias religiones y diferentes razas quieren saberlo. Cualquiera que tenga curiosidad natural y oye que alguien habla de nacer de nuevo, quiere saber lo que significa el término. Pero, ¿por qué este interés súbito en un término que ha existido por miles de años?

¿Por qué la gente quiere saberlo?

Personajes famosos afirman haber nacido de nuevo. ¿Por ejemplo? Billy Graham, Charles Colson y Jimmy Carter, para nombrar apenas a tres que han hecho que otros quieran saber lo que quiere decir nacer de nuevo. Junto con estos tres, hay atletas, astronautas, científicos, artistas y gente de casi toda clase social que afirma haber nacido de nuevo.

Parece que a nadie le importa oír a Billy Graham hablar de nacer de nuevo. Es más, miles de miles se ha unido a Billy Grahan en esta experiencia, al aceptar su explicación e invitación a nacer de nuevo. Billy Graham es un evangelista, así que la charla religiosa es propia de su oficio. Aun cuando es influyente, no tiene autoridad personal sobre nadie; consecuentemente, sus creencias no son amenaza alguna para la gente.

Pero, ¿qué ocurre si un político se mete a la religión y afirma que ha nacido de nuevo? Charles

Colson, auxiliar presidencial de primer orden en la administración de Richard Nixon, estuvo implicado en el escándalo Watergate y pasó siete meses en la cárcel. Antes de eso ya se le conocía como uno de los gorilas secuaces de Nixon. Sin embargo, en medio del escándalo y el juicio, Charles Colson tuvo una experiencia que él describe como nacer de nuevo.

Colson había empezado a cuestionar el propósito de su vida y no había encontrado ninguna respuesta real. Tom Phillips, un amigo y creyente nuevo él mismo, le contó la alegría que había hallado en Cristo y le recomendó a Colson que leyera *Cristianismo básico* de C. S. Lewis. La influencia de Phillips y de Harold, hermano de Colson, combinadas con el poderoso efecto del libro de Lewis, llevaron a Charles Colson a nacer de nuevo. Solo en las atosigadoras experiencias en la prisión, sin embargo, Colson llegó a una comprensión más profunda de lo que quiere decir nacer de nuevo.

La duda y la incredulidad respecto a la experiencia de Colson fueron respuestas naturales de esperarse de parte de las multitudes, que emitían sus opiniones respecto a sus afirmaciones. En esas circunstancias la gente dudaba de sus motivos y sinceridad; y muchos sencillamente malentendieron lo que decía haber experimentado. En todo el juicio y su encarcelamiento Colson mantuvo su afirmación. Escribió un libro titulado *Nacido de nuevo*.

En su libro, Charles Colson enfoca el término nacer de nuevo. La gente empezó a leer lo que Colson quería decir por el término, y otros le oyeron decir lo que quería decir. En preparación para este libro una investigadora trató de conseguir el libro de Colson en dos bibliotecas metropolitanas, y en ambas el libro estaba prestado. Luego fue a una librería para comprarlo, pero se había agotado. Luego fue a otra biblioteca local, y halló igualmente que ninguno de los ejemplares estaba libre. Cuando le dijeron que podía inscribirse en la lista de espera en esa biblioteca, preguntó cuántas personas había ya en la lista, y la bibliotecaria le dijo que había veintiún personas que estaban esperando el libro. La investigadora finalmente lo encontró en otra librería. Sí, la gente quiere saber lo que quiere decir nacer de nuevo; y se interesan especialmente cuando algún político tiene esa experiencia.

Un evangelista y un expolítico afirman haber nacido de nuevo. Pero, ¿y qué? Ninguno de ellos tiene ningún poder real o autoridad sobre la vida de nadie. Sin embargo, cuando la persona involucrada es de prominencia nacional y poder potencial, entonces es fácil comprender por qué la gente tendrá un deseo intenso de saber lo que esa persona quiere decir al afirmar que ha nacido de nuevo.

La presidencia y nacer de nuevo

¡Entonces llegó Jimmy Carter! Exgobernador de Georgia y relativamente desconocido en el horizonte de la política de los Estados Unidos. El hecho de que afirmaba haber nacido de nuevo en realidad no molestó a nadie. Por otro lado, los que sabían lo que quería decir se alegraban de que alguien que se había postulado como candidato para presidente de los Estados Unidos hubiera nacido de nuevo y no se avergonzara de decirlo.

La campaña presidencial de Jimmy Carter cobró una nueva significación cuando derrotó a George Wallace en las elecciones primarias del partido demócrata de Florida y empezó a ganar una elección primaria tras otra. Hubert Humphrey, Ted Kennedy y otro de los candidatos opositores a Jimmy Carter en las primarias parecían tener mucha mejor probabililidad que Carter de lograr la nominación presidencial del partido demócrata. Pero cuando la gente empezó a percatarse de que Jimmy Carter bien pudiera tener la probabilidad de convertirse en el candidato demócrata para presidente, y que el candidato tenía la probabilidad de llegar a ser elegido presidente, su religión cobró más importancia tanto para sus partidarios como para la oposición.

Jimmy Carter ganó la nominación sin dificultad. Entonces se vio ante una excelente probabilidad de llegar a ser presidente de los Estados Unidos. El interés y preocupación por su religión se intensificó, y las preguntas se multiplicaron.

¿Dejaría Jimmy Carter que su religión afectara sus decisiones políticas? ¿Pertenecía a la Casa Blanca un evangélico dedicado? ¿Qué tal respecto a la relación de este hombre nacido dos veces con los que habían nacido solo una vez? Ateos, agnósticos, judíos, católicos y otros tenían razón para hacerse preguntas respecto a una persona nacida de nuevo como jefe ejecutivo de su gobierno. Así que las preguntas surgían naturalmente y llenas de emoción.

Por otro lado en el cuadro, ejemplos de aprecio para la fe de Jimmy Carter aparecieron en las palabras de un votante en Erie, Pennsylvania, cuando le dio la mano a Carter antes de las elecciones primarias en ese estado. Le dijo a Carter que él también era un creyente nacido de nuevo y que quería expresar su profundo aprecio porque Carter había dado a conocer su fe. En Americus, Georgia (población vecina a Plains, Georgia, donde está el domicilio de Carter), una maestra de escuela dijo: "Pienso que la nación podría usar un presidente que ha nacido de nuevo. Voto por Jimmy Carter".

Independientemente de las preferencias políticas de la persona, es fácil ver que el anuncio público de Jimmy Carter de haber nacido de nuevo hizo que más y más personas quisieran saber lo que significaba esa expresión. ¿Por qué? En palabra y hechos él había dicho y demostrado que su religión hacía una diferencia en su vida. Sin avergonzarse escribió sobre su religión en su autobiografía *¿Por qué no lo mejor?*.

Desde 1960, cuando John F. Kennedy se postuló para la presidencia, la religión no había sido realmente asunto digno de notarse. Pero tanto Kennedy como Carter declararon abiertamente que creían en la separación de la iglesia y el estado. Billy Graham, quien como Carter, había nacido de nuevo y era un bautista del Sur, decía que simplemente porque un candidato político hubiera nacido de nuevo no era razón suficiente para elegirlo presidente. Graham indicó que Gerald Ford también afirmaba haber nacido de nuevo y que la religión no debía ser consideración en la elección. Pero la gente seguía queriendo saber lo que quiere decir nacer de nuevo. La pregunta podía ser real, aun cuando no se la dijera abiertamente.

Una pregunta en voz baja

Hay evidencia de que a muchos que han nacido solo una vez les gustaría saber lo que quiere decir nacer de nuevo y cómo ocurre. La evidencia silenciosa puede hablar más fuertemente que las palabras de los que vocean las preguntas en cuanto a nacer de nuevo.

El suicidio ilustra dramáticamente la desesperación de la gente cuyas vidas llegan a un callejón sin salida y claman queriendo nacer de nuevo. Cuando la vida y sus circunstancias se vuelven insoportables, miles de personas pierden toda esperanza y escogen la muerte antes que seguir en su miseria. Aun cuando tal vez nunca hayan preguntado lo que quiere decir nacer de nuevo, su muerte revela la pregunta no expresada.

Sin embargo, las estadísticas no revelan cuántas personas siguen comiendo, respirando y vegetando, pero en realidad sin vivir; gente muerta en vida. Sus vidas insípidas, sin propósito, claman por un nuevo nacimiento. Buscan felicidad en todos los lugares equivocados, y hacen dioses de todo lo que parece tener alguna promesa de placer. Como vagabundos emocionales pasan a la próxima novelería cuando la pasada pierde su novedad y se vuelve monótona. Por supuesto, este cuadro no es acertado para toda persona que ha nacido una sola vez; pero sí representa a incontables individuos cuyas actitudes y acciones dicen: "quiero una vida fresca; ya estoy harto de mi vida vieja". Sea que la pregunta se la exprese o se la guarde en silencio, todo mundo necesita saber lo que quiere decir nacer de nuevo.

Un vistazo previo a lo que quiere decir nacer de nuevo

En las épocas de la vida, una persona nace la primera vez y atraviesa la niñez, la adolescencia, la vida adulta y la muerte. Pero ese no es el fin de la vida para los que han nacido de nuevo. Asimismo, no son esas todas las épocas de la vida para los que han nacido de nuevo.

En el libro *Las temporadas de la vida* el Dr. Paul Tournier ha dicho que puede haber primaveras en el otoño. Esto es lo que distingue al hombre. Menciona a un viejo profesor que nació de nuevo después de haber cumplido los ochenta. El viejo profesor insistía en decir vez tras vez: "No soy sino un niño pequeño; mi vida apenas acaba de empezar." Tournier sigue diciendo que el hombre había rejuvenecido, tanto física como emocionalmente. La experiencia de haber nacido de nuevo penetra a la persona total.[1]

Nacer de nuevo no es solamente charla religiosa; es una experiencia real que incluye cambio. La gente que ha vivido bastante por lo general se vuelve escéptica ante el pensamiento de que alguien pueda cambiar mucho y por mucho tiempo. Pero la gente en verdad puede cambiar. Incluso los adultos, que tienden a volverse rígidos en su modo de ser, pueden escoger hacer cambios duraderos en sus vidas.

La gente puede cambiar

Los que estudian la conducta humana en esta época están diciendo lo que la Biblia siempre ha dicho: La gente puede cambiar. Thomas Harris ha hecho un excelente trabajo para recalcar este punto en su libro *Yo estoy bien, tú estás bien*. Desde la aparición de ese libro muchos otros escritores han escrito puntos de vista similares y ampliado sus afirmaciones en cuanto a la capacidad de la persona para cambiar. Cuando se pone en un contexto cristiano este punto de vista, quiere decir que en el cambio interviene algo más que la voluntad de uno mismo. También interviene algo más que la comprensión de uno mismo. ¡Dios interviene! Dios capacita a la persona para que cambie. El hecho de que la persona tenga la capacidad de escoger quiere decir que no puede echarle la culpa de sus decisiones presentes y futuras a sus padres, sus circunstancias o su cultura. La elección de lo que una persona hace con su vida depende de él o ella. En el contexto de este libro, si la persona sigue habiendo nacido solo una vez o si nace de nuevo es una elección que esa misma persona tiene que hacer. Pero sí puede llegar a ser una nueva persona.

Usted es lo que está llegando a ser

Un anuncio comercial de leche solía decir que cada minuto su cuerpo forma unos tres mil millones de nuevas células, y que hay un nuevo usted que está formándose cada minuto del día. Esto es verdad en un sentido físico, pero también en un sentido espiritual y respecto a su ser total. Usted no es lo que fue; es lo que está llegando a ser.

Extraño como suena, sin embargo, la mayoría de personas no presta atención a la verdad que usted acaba de leer. La gente tiende a formarse una opinión sobre una persona y se aferra a esa opinión, independientemente de cuánto la persona pueda cambiar. ¿Ejemplos? Está bien. Lea esta lista de términos negativos: arrogante, radical, holgazán, aburrido, egoísta, cruel, liberal, derechista, odioso, sádico, inmoral, hipocondríaco. Ahora considere algunos términos positivos:

humilde, sensato, sensible, interesante, altruista, amable, disciplinado, cariñoso, moral, lleno de gracia, que aprecia, sereno. Estos son términos que usted y yo hemos oído que se usan para rotular a las personas. Tal vez nosotros mismos los hemos usado, y no faltará quien los haya usado para aplicárnoslos a nosotros. El punto es que una vez que se tilda a una persona con una etiqueta, la gente rara vez piensa en volver a examinar el contenido y a aplicar un nuevo rótulo.

Otro ejemplo de juicio incambiable es lo que he oído a una esposa decir repetidas veces respecto a su esposo: "Para mí es como libro abierto". El único problema es que ella no lo lee como libro, porque siempre recita la misma página de puntos malos. Si ella estuviera leyendo un libro, avanzaría para ver en qué termina todo. Como ve usted, a menudo juzgamos a una persona solo por una página de su vida. Esto es muy malo porque toda persona tiene la posibilidad de ser "La Gran Novela Humana," alguien y algo realmente grande.

Toda persona necesita reexaminarse y no quedarse corta respecto a sí misma; necesita saber que tiene la gran posibilidad de nacer de nuevo. En la vergüenza, desgracia, tristeza, desilusiones, frustración y desesperación de la vida, todo individuo hará bien en hacer un alto y saber que su propia persona es invaluable. ¿Qué tal de los errores y debilidades de la vida? Pues bien, no eche a la basura la máquina de escribir solo porque un error aparece en un escrito. No echamos a la basura un violín Stradivarius ni lo consideramos inservible solo porque alguna nota desafinada salga de él. Reconocemos el valor y potencial en la máquina de escribir y en el violín. No podemos darnos el lujo de dejar que el juicio que hacemos de nosotros mismos, o de cualquier otra persona, quede determinado por los errores o notas desafinadas que surgen de sus vidas.

Oí a un predicador citar estas palabras al empezar su sermón: "El único hombre que se porta sensiblemente conmigo es mi sastre. Cada vez que voy a verlo, me toma de nuevo las medidas, mientras que todos los demás siguen aplicándome las mismas medidas viejas con que me midieron antes, dando por sentado que todavía servirán. Pero mi sastre me toma de nuevo las medidas cada vez que voy a verlo". Al final de su sermón el predicador parafraseó: "El único que se porta sensiblemente hacia mí es mi Señor, porque cada vez que lo veo me mide de nuevo, mientras que todos los demás siguen aplicándome sus mismas medidas viejas, dando por sentado que todavía servirán. Pero mi Señor me mide de nuevo cada vez que lo veo".

La gente puede cambiar, y en verdad está en el proceso de llegar a ser. Estos factores son un vistazo previo de lo que quiere decir nacer de nuevo. ¡Pero hay mucho más!

2. Qué dice la Biblia

Tienes que nacer de nuevo (Jesucristo).

Nacer de nuevo no es una expresión nueva ni una idea nueva. Es más, nacer de nuevo es tan básico en la vida religiosa de millones de personas que es difícil concebir que los intelectuales sofisticados no comprendan la expresión. Sin embargo, periodistas veteranos están tratando de captar algo de conocimiento del tema a fin de explicar en el lenguaje de la gente lo que quiere decir nacer de nuevo (o como la escritora Dear Abby lo dijo: "en lenguaje fácil de salón de billares"). En este caso, y en la mayoría de casos, un poco de conocimiento es engañoso y peligroso.

Por ejemplo, un escritor dijo que "las afirmaciones de Jimmy Carter respecto a un cristianismo nacido de nuevo son puro fundamentalismo, una forma de religión que está creciendo muy rápido en los Estados Unidos". El escritor distorsionó la expresión *nacer de*

---

* Juan 3:7; traducción del autor.

nuevo que Carter usó, e ignoró el contexto y fuente cristianos de ella. Puesto que la expresión brota de una experiencia bíblica, el mejor lugar para encontrar la respuesta correcta es la Biblia.

Es cierto que los términos *nacer de nuevo* y nacer otra vez existían antes del Nuevo Testamento cristiano. Los judíos usaban estas expresiones para describir a los no judíos que aceptaban el judaísmo como su propia fe, así como a los adeptos a las religiones griegas antiguas. Sin embargo, griegos y judíos no usaban las expresiones de la misma manera en que los creyentes hablan hoy de nacer de nuevo.

En tiempos modernos hablamos de tener una nueva oportunidad en la vida, o de sentirse como una nueva persona. Pero los términos modernos tampoco logran captar la plenitud de lo que el creyente quiere decir cuando habla de nacer de nuevo. Así que veamos la fuente cristiana de la expresión, buscando el significado real.

La fuente cristiana

La fuente cristiana de la expresión "nacer de nuevo" es Jesucristo. Jesús le dijo a un dirigente judío llamado Nicodemo: "Tienes que nacer de nuevo, o de lo contrario no puedes tener la vida eterna" (resumen parafraseado de la entrevista entre Jesús y Nicodemo). Toda la conversación se halla registrada en Juan 3, en donde Jesús y Nicodemo, en seis versículos, usaron ocho veces la expresión "nacer de nuevo". Si usted no está familiarizado con este pasaje bíblico, valdrá la pena leer esta breve entrevista.

¹ *Había entre los fariseos un dirigente de los judíos llamado Nicodemo.* ² *éste fue de noche a visitar a Jesús.*

—Rabí —le dijo—, sabemos que eres un maestro que ha venido de parte de Dios, porque nadie podría hacer las señales que tú haces si Dios no estuviera con él.

³ *—De veras te aseguro que quien no nazca de nuevo no puede ver el reino de Dios —dijo Jesús.*

⁴ *—¿Cómo puede uno nacer de nuevo siendo ya viejo? —preguntó Nicodemo—. ¿Acaso puede entrar por segunda vez en el vientre de su madre y volver a nacer?*

⁵ *—Yo te aseguro que quien no nazca de agua y del Espíritu, no puede entrar en el reino de Dios —respondió Jesús—.* ⁶ *Lo que nace del cuerpo es cuerpo; lo que nace del Espíritu es espíritu.* ⁷ *No te sorprendas de que te haya dicho: "Tienen que nacer de nuevo".* ⁸ *El viento sopla por donde quiere, y lo oyes silbar, aunque ignoras de dónde viene y a dónde va. Lo mismo pasa con todo el que nace del Espíritu.*

⁹ *Nicodemo replicó:*

—¿Cómo es posible que esto suceda?

¹⁰ *—Tú eres maestro de Israel, ¿y no entiendes estas cosas? —respondió Jesús—.* ¹¹ *Te digo con seguridad y verdad que hablamos de lo que*

sabemos y damos testimonio de lo que hemos visto personalmente, pero ustedes no aceptan nuestro testimonio. [12] *Si les he hablado de las cosas terrenales, y no creen, ¿entonces cómo van a creer si les hablo de las celestiales?* [13] *Nadie ha subido jamás al cielo sino el que descendió del cielo, el Hijo del hombre.*

[14] *»Como levantó Moisés la serpiente en el desierto, así también tiene que ser levantado el Hijo del hombre,* [15] *para que todo el que crea en él tenga vida eterna.*

[16] *»Porque tanto amó Dios al mundo, que dio a su Hijo unigénito, para que todo el que cree en él no se pierda, sino que tenga vida eterna.*

El libro de Juan fue escrito originalmente en griego, así que las palabras que usted acaba de leer son de la Nueva Versión Internacional de la Santa Biblia, y son traducción del griego. Hay otras traducciones de estos versículos al español, y hay muchas interpretaciones que tratan de explicar los detalles minuciosos de estos versículos. Por ejemplo, "nacer de nuevo" también se puede traducir "nacer de arriba" o "nacer otra vez". Pero la médula de lo que Jesús enseñó no es difícil de entender. Lo que Jesús enseñó es lo que los creyentes quieren decir con "nacer de nuevo".

La médula del asunto

Nicodemo era un dirigente religioso y probablemente miembro de la corte suprema judía, el sanedrín. Pero debe haber sabido que había en la vida más de lo que había sido su experiencia. De todas maneras, unió su admiración y su curiosidad y vino a Jesús. Nicodemo expresó que estaba seguro de que Jesús tenía una relación especial con Dios y que había venido de Dios. Tal vez Nicodemo quería decir más. Tal vez quería elogiar más a Jesús y luego hacerle algunas preguntas. Pero Jesús sin duda percibió la pregunta callada de Nicodemo sobre cómo tener vida en una dimensión diferente, en un nuevo plano y en una relación especial con Dios. Así que Jesús empezó a enseñarle a Nicodemo.

Jesús usó el símbolo del nacimiento para enseñar una verdad espiritual. Cuando el significado literal de las palabras no logra explicar las verdades que son intensas y abstractas, a menudo echamos mano a símbolos como una manera vívida de expresar lo que queremos decir. Eso fue lo que hizo Jesús. Los hebreos estaban familiarizados con el misterio y milagro del nacimiento físico. En tiempos cuando no había hospitales, y cuando las parteras ayudaban en el alumbramiento, la gente debe haber conocido muy bien el proceso del nacimiento físico. Sabían que el esposo y la esposa se unían y producían una nueva criatura; y sabían que la nueva criatura venía a un mundo que no había conocido antes de nacer. Ese es el nacimiento físico, y todo mundo nace físicamente una vez.

Pero, ¿nacer de nuevo? ¿Cómo es posible eso? Nicodemo entendió mal lo que Jesús le dijo, e hizo una pregunta sobre cómo podría en forma literal una persona nacer de nuevo físicamente. Sabía la respuesta a su propia pregunta. No se puede nacer otra vez físicamente. Pero sí se puede experimentar un cambio tan radical que, hablando figuradamente, uno nace de nuevo.

Jesús enseñó que las personas que nacen de nuevo verán el reino de Dios, entrarán en el reino de Dios, y tendrán vida eterna (Juan 3:3, 5, 16). El nuevo nacimiento tiene su principio y conclusión en Dios, pero cada individuo tiene que escoger el ser hecho nacer de nuevo; la experiencia no es automática.

La Biblia enseña que toda persona escoge su propio albedrío en lugar de la voluntad de Dios. Esa decisión acarrea la condenación de Dios y conduce a la muerte espiritual (véase Juan 3:18, 36). (Veremos por qué la muerte espiritual es tan mala y por qué todo mundo necesita nacer de nuevo, cuando lleguemos a los capítulos 4 al 7.)

El camino a la vida eterna, es decir, una nueva calidad de vida que nunca termina, es admitir abiertamente que uno ha ido contra la voluntad de Dios y entregarse abiertamente a la voluntad de Dios. Entonces Él puede hacerle una nueva criatura, le da nueva vida y le hace nacer de nuevo. Dios ha enviado a Jesucristo para que dé su vida, para que nosotros podamos tener una vida nueva. Si confiamos en Jesús como la dádiva de Dios para librarnos de nuestras vidas viejas e insípidas, Dios nos da una nueva vida, vida en la cual no hay muerte. *Nacer de nuevo es un misterio y un milagro, y tiene lugar en un momento de entrega a Jesucristo.* La nueva criatura no nace ya crecida, sino que inmediatamente empieza a experimentar la vida en una nueva dimensión. Se da cuenta de que la muerte física solo le abrirá las puertas a una vida más plena en esa nueva dimensión. La nueva dimensión es vida espiritual.

Hablaremos de los cambios que resultan al nacer de nuevo en capítulos posteriores. El cambio básico en que necesitamos concentrar nuestra mirada aquí, sin embargo, es que la persona escoge permitirle a Dios que cambie su naturaleza, al entregarse por completo a Dios y a lo que comprende que es la voluntad de Dios.

Por lo poco que sabemos de Nicodemo, parece que nació de nuevo. Más tarde Nicodemo, aun cuando tímidamente, salió a favor de Jesús (Juan 7:45-53). Incluso más adelante Nicodemo intrépidamente tomó parte en la sepultura de Jesús (Juan 19:38-39). Si Nicodemo nació de nuevo, el mismo Dios que levantó a Jesús de la tumba a la vida, levantará también a Nicodemo (1 Corintios 15). Toda persona que nace de nuevo tiene la misma promesa.

Necesitamos recalcar que la vida eterna, es decir, nacer de nuevo, se refiere a la calidad de la vida, y no solo al largo de la misma. Es una cosa alegrarnos de que podemos tener vida más allá de la muerte física. Pero son buenas noticias saber que la calidad de la vida cambia en el instante en que nos entregamos a Cristo. No todos nuestros problemas quedan resueltos inmediatamente, ni tampoco nos convertimos instantáneamente en súper santos; pero sí llegamos a ser nuevas criaturas y empezamos a vivir la vida con una nueva perspectiva. Nos damos cuenta de un nuevo diseño para nuestras vidas y una nueva fuente de poder, conforme miramos a Dios pidiendo dirección.

El momento súper supremo de la vida

El médico y teólogo suizo Paul Tournier escribió: "En toda vida hay unos pocos momentos que cuentan más que todos los demás porque indican una toma de posición, un comprometerse uno mismo, una decisión decisiva. Es el compromiso que crea a la persona. Es al comprometerse que el hombre revela su humanidad".[1] En la vida tenemos ocasiones oportunas que pueden convertirse en los momentos súper supremos de la vida; los momentos que siempre se recuerdan y que van más allá de uno mismo y del tiempo, y se quedan grabados en el granito de la eternidad. El momento súper supremo de la vida es el momento en que nacemos de nuevo al recibir la dádiva de Dios en Jesucristo, y al entregarnos a Dios al seguir a Jesús y entregarle nuestras vidas. De eso es lo que la Biblia habla al referirse a nacer de nuevo. La Biblia tiene más que decir respecto a esto de nacer de nuevo.

La Biblia y nacer de nuevo

Aun cuando Juan 3 provee la base bíblica para comprender lo que quiere decir nacer de nuevo, no se puede aislar la idea a ese único capítulo. La Biblia como un todo nos dice lo que quiere decir nacer de nuevo. No se puede aislar el nuevo nacimiento a un solo capítulo de la Biblia, así como no se puede aislar el alfabeto a una sola página del *Diccionario de la Lengua Española*. Las letras que forman el alfabeto aparecen en todas las páginas del diccionario, y de manera similar hallamos en todas partes de la Biblia lo que significa nacer de nuevo. Lo grande del concepto es parte de la frustración de siquiera tratar de dar un vistazo general de lo que la Biblia tiene para decir en cuanto a la vida eterna, la vida que viene de arriba. Al mismo tiempo, lo grande del concepto es parte de la alegría: Es demasiado grande como para explicarlo completamente en un capítulo de un libro. Sin embargo, podemos continuar enfocando segmentos especiales de la Biblia que nos revelan más de lo que quiere decir nacer de nuevo.

Antes de mirar otros pasajes bíblicos, resumamos algunos pensamientos bíblicos que necesitamos tener presente al examinar esto más a fondo: (1) Toda persona escoge, consciente o inconscientemente, rebelarse contra Dios y su voluntad. (2) Lo que se escoge es la muerte espiritual en lugar de la vida espiritual. (3)

Dios el Creador envió a Jesús, su Hijo, para que viva una vida perfecta y muera en la cruz para librar a la humanidad de la muerte espiritual y darle vida espiritual. (4) Jesús hizo lo que Dios le envió a hacer, y Dios levantó a Jesús de la muerte para que viva para siempre. (5) Cada persona tiene que entregarse personalmente a Dios, ser perdonado y recibir el don de la vida eterna que Jesús proveyó. (6) El creyente recién nacido de nuevo tiene la presencia y el poder del Espíritu de Dios para ayudarle a vivir la nueva vida.

La imagen verbal que usted acaba de leer puede parecerle lenguaje de vitrales catedral, pero tal vez haya dejado que se filtre suficiente luz como para que usted empiece a vislumbrar el significado de lo que la Biblia enseña respecto a nacer de nuevo. Otros pasajes bíblicos arrojan incluso más luz.

Romanos 6:4 habla de los que se han entregado a Cristo: "Por tanto, mediante el bautismo fuimos sepultados con él en su muerte, a fin de que, así como Cristo resucitó por el poder del Padre, también nosotros llevemos una vida nueva". Otra palabra para nueva es "fresca". Hay frescura en cualquier época de la vida cuando hallamos un nuevo propósito. Y Dios provee ese propósito fresco a toda persona que se vuelve a él. La experiencia del nuevo nacimiento capacita a la persona para que retire sus ojos de sí misma y los ponga en Dios y su voluntad. Lo nuevo viene en la clase de vida que Dios ha diseñado para el individuo. El plan de Dios para la vida de cada individuo es mucho mejor de lo que alguien podría soñar por sí mismo.

El cielo y el infierno, la vida y la muerte, son preocupaciones importantes, pero a menudo solo hacen referencia al futuro. Al presente la gente está cansada de las vidas monótonas, rancias a más no poder, y sin propósito, y la Biblia enseña que los que nacen de nuevo tienen una vida fresca y con propósito ahora. Una vez oí a un predicador mencionar que Harry Emerson Fosdick había dicho que "los grandes momentos de la vida empiezan cuando uno se encuentra con alguien que tiene suficiente percepción y que se da cuenta del potencial que hay en usted que todavía no se ha realizado". Ese alguien es Dios: Él le ayudará a experimentar los momentos más grandes de la vida en el nuevo nacimiento y luego en una serie de grandes momentos en una vida sin límites.

Encontrar a Dios no es un accidente en la vida; Dios nos está buscando. Una organización religiosa realizó una brillante y entusiasta campaña con el lema: "¡Lo encontré!" Destacados creyentes cuentan cómo han encontrado a Cristo y la vida eterna. En efecto, encontraron a Cristo y la vida eterna, pero su hallazgo fue más como un niño perdido que encuentra a su padre que estaba buscándolo. Dios tomó la iniciativa al enviar a Jesús, y el Espíritu de Dios viviente continúa instándonos a que nos volvamos a sus caminos.

Primera de Pedro 1:3 muestra que Dios está detrás del nuevo nacimiento: "¡Alabado sea Dios, Padre de nuestro Señor Jesucristo! Por su gran misericordia, nos ha hecho nacer de nuevo mediante la resurrección de Jesucristo, para que tengamos una esperanza viva!" Y el pensamiento se repite en 1 Pedro 1:23: "Pues ustedes han nacido de nuevo, no de simiente perecedera, sino de simiente imperecedera, mediante la Palabra de Dios que vive y permanece". Qué diferente es esta verdad de la del poeta tibetano Milarepa quien dijo: "Todos los esfuerzos humanos acaban en tristeza, la adquisición en dispersión, las construcciones en destrucción, las reuniones en separación, el nacimiento en muerte". Para los que buscan a Dios y su voluntad lo opuesto es verdad: El nacimiento espiritual no acaba en la muerte sino en la vida que no tiene fin y que tiene una calidad que quien ha nacido solo una vez no puede concebir mientras no haya nacido de nuevo.

La Biblia enseña además que cuando una persona nace de nuevo, eso se muestra en su vida. Aun cuando ningún creyente es perfecto, no practicará la rebelión contra Dios como una forma de vida. "Ninguno que haya nacido de Dios practica el pecado, porque la semilla de Dios permanece en él; no puede practicar el pecado, porque ha nacido de Dios" (1 Juan 3:9). Algunas personas parecen empaparse de religión y luego perderla de la noche a la mañana, y sólo Dios puede juzgar quien realmente recibe un cambio en su naturaleza en una experiencia de entrega. Pero, como dice un antiguo dicho, cuando una persona se dedica a la religión lo que cuenta no es lo alto que puede saltar, sino lo derecho que puede andar cuando vuelve a poner los pies sobre la tierra.

La Biblia dice que el amor a otros es una señal de que la persona ha nacido de nuevo: "Queridos hermanos, amémonos los unos a los otros, porque el amor viene de Dios, y todo el que ama ha nacido de él y lo conoce" (1 Juan 4:7). Algunos tratan de definir el amor dividiéndolo en varias expresiones, pero no hay ninguna dificultad para comprender la clase de amor de que se habla aquí: Es una preocupación activa que está dispuesta al sacrificio, un amor como el amor de Dios. A la vida que no tiene este amor le falta una de las evidencias de la vida espiritual.

Cuando el creyente nacido de nuevo hace algo malo o falla por no mostrar el amor según Dios, tal vez se sienta como que ha nacido solo una vez y que no tiene vida eterna. Es difícil lidiar con las emociones. Pero otra señal de la vida espiritual es tomarle a Dios su palabra: creerle. La Palabra de Dios dice: "Sabemos que el que ha nacido de Dios no está en pecado [no practica el pecado como hábito]: Jesucristo, que nació de Dios, lo protege, y el maligno no llega a tocarlo" (1 Juan 5:18; el corchete es traducción del autor). Usted recordará que a Jesús se le conoce como el unigénito Hijo de Dios (Juan 3:16). *Él es quien ha nacido de Dios* y que nos protege y nos sostiene a los que hemos nacidos de nuevo. La vida eterna depende de la experiencia de entrega a Dios por medio de Jesús, y no de lo que nosotros sintamos. No podemos des-nacer espiritualmente así como tampoco podemos des-nacer físicamente. Eso es lo que enseña la Biblia. La fe en la promesa de Dios es más importante que los sentimientos humanos que cambian con las circunstancias de la vida.

La Biblia conduce a la gente a Dios y a una nueva vida. Los Gedeones Internacionales tratan de poner Biblias en donde está la gente. Los Gedeones tienen gran cantidad de cartas que cuentan cómo la gente ha llegado a tomar una decisión personal para dejar su forma de vida y pensar y volverse a Dios. Esas cartas por lo general cuentan cómo los individuos tomaron una Biblia colocada por los Gedeones, la leyeron, y se dieron cuenta de su condición; y siguiendo las instrucciones incluidas en la Biblia, nacieron de nuevo. Leyendo la Biblia la gente puede aprender lo que quiere decir nacer de nuevo. Por supuesto, hay quienes rehúsan creer en la Biblia. Toda persona tiene el derecho de creer o no creer; sin embargo, los que no creen tienden a ser los que no leen ni estudian la Biblia. La Biblia es el libro que hay que leer. Algunos de los más grandes gigantes intelectuales del mundo se cuentan entre los que han leído la Biblia, la han creído, y han actuado siguiendo sus verdades.

La Biblia y otros libros

Aun cuando la Biblia no necesita defensa alguna, es bueno saber que puede salir triunfante incluso bajo las críticas más penetrantes. Algunos dicen: "La Biblia lo dice; yo lo creo; y eso resuelve el asunto de una vez por todas"; y sonríen con orgullo. Ese método está bien para los que pueden aceptarla, porque la Biblia es fiel; y creer en la verdad objetiva es más importante que saber el por qué uno lo cree.

¿Qué tal en cuanto a la gente que pone en tela de duda la Biblia y quiere pruebas de este asunto de nacer de nuevo? ¿Acaso no hay ayuda para los que leen la Biblia y dudan de lo que leen? Sí; hay ayuda. El Dr. Elton Trueblood ha escrito *A Place to Stand (Un lugar en donde pararse)*. El libro parte de la creencia de que el cristianismo es razonable, y avanza a otros capítulos que refuerzan el concepto. El libro está lleno de pensamientos y experiencias como la que sigue:

"Frente a la abundante evidencia de la oración es difícil ser dogmático. Casi todo lo que el escéptico puede hacer es replicar que, aun cuando a veces se suceden los resultados por los que se ora, esto es una mera coincidencia. La solemnidad de esta respuesta confiada fue en un caso puesta a temblar por el humor de William Temple, quien admitió que era concebible que los eventos que ocurrieron en su maravillosa y productiva vida fueron meramente coincidencias, pero añadió que las coincidencias ocurrían con mayor frecuencia cuando oraba".[2]

La explicación del Dr. Trueblood de la fe cristiana y de la Biblia como verdad no es la de alguien ingenuo. El Dr. Trueblood admitía que había pasado del escepticismo a creer respecto a la cuestión de la resurrección de Cristo de la tumba. Trueblood admiraba al finado C. S. Lewis, quien escribió un libro titulado *Sorprendido por el Gozo* (en inglés), en el que relata sus intensos esfuerzos intelectuales para llegar a aprender que Dios es real, que la vida eterna resulta cuando de recibe a Cristo como Maestro y Salvador, y que la Biblia siempre tiene razón.

Trueblood y Lewis son apenas dos escépticos que llegaron a creer en las verdades de la Biblia que proveen la noción de nacer de nuevo. Sin embargo sus vidas, y las vidas de muchos otros como ellos, muestran que hay campo para la persona que tiene dudas. La Biblia es el libro que hay que leer, pero hay otros libros que también arrojan luz sobre la Biblia.

La cuestión de fondo

Vivimos en un mundo impaciente, en donde la gente con frecuencia quiere que el orador o escritor vaya al grano; y de prisa. La cuestión de fondo de lo que la Biblia dice respecto a la vida eterna es esta: Usted tiene que nacer de nuevo. La decisión es individual. Este hecho subraya los siguientes capítulos de este libro. Nicodemo tuvo que tomar una decisión personal, al igual que toda otra persona. Quedarse indeciso es decidir en contra de Cristo y de la vida que él ofrece. Decidir que no necesita nacer de nuevo es decidir ignorar la enseñanza básica de la Biblia. Razonar y descartar la necesidad de nacer de nuevo no es razonable. Para tener una vida nueva usted tiene que entregarle a Dios su vida; entonces él puede darle la dádiva de la vida eterna. Su vida nunca volverá a ser la misma.

3. De la Biblia al hoy

La iglesia es más fiel a su tradición y se da cuenta de su unidad con la iglesia de toda época cuando, enlazada pero no atada a su pasado, hoy investiga la Biblia y orienta su vida por ella como si esto hubiera ocurrido hoy por primera vez (Karl Barth).

Para los que no saben mucho de la historia bíblica o de la religión, la idea de nacer de nuevo puede sonar a novelería o idea nueva. Pero la expresión es tan vieja como el Nuevo Testamento, e incluso más.

Hemos dado un vistazo general a las enseñanzas bíblicas del Nuevo Testamento acerca de lo que significa el nuevo nacimiento, y eso nos ha llevado en forma general al año 100 a.D. De la Biblia al ahora, no obstante, la gente ha encontrado un sin fin de ideas diferentes respecto a lo que quiere decir nacer de nuevo. Algunas son acertadas, otras están equivocadas, y mucha gente está confusa sin saber qué creer.

Este capítulo tratará de algunas de las enseñanzas que se han apartado de lo que enseña la Biblia, y cómo surgieron. También tratará de reforzar lo que la Biblia enseña respecto al nuevo nacimiento. Este método nos ayudará a tener una mejor noción de la incertidumbre presente en cuanto a lo que quiere decir nacer de nuevo.

Cómo creció y cambió la iglesia

Las personas son libres para creer lo que quieren, y varios individuos y grupos han escogido adoptar creencias que son difíciles de encuadrar dentro de lo que la Biblia enseña. Por supuesto, los que no han leído la Biblia en realidad no saben lo que ella enseña y no se podría esperar que sus nociones se encuadren dentro de las de la Biblia. Sin embargo, a menudo incluso los que en efecto leen la Biblia y la observan buscando comprender la vida eterna, a menudo difieren en sus puntos de vista. El libro de Frank S. Mead, *Handbook of Denominations in the United States (Manual de denominaciones en los Estados Unidos)* incluye una lista de más de 250 cuerpos religiosos tan solo en los Estados Unidos. Así que un breve vistazo a cómo el cristianismo creció y cambió nos dará algunas nociones de por qué todas las iglesias no concuerdan en sus énfasis y comprensiones de cómo una persona llega a ser creyente y recibe la vida eterna.

Jesús fundó la iglesia (véase Mateo 16:18). La palabra *iglesia* se refiere básicamente a una asamblea convocada y reunida. Dentro del contexto del Nuevo Testamento, la iglesia estaba formada por los seguidores de Jesús. Es un sentido espiritual Jesús es la Cabeza de la iglesia, que está formada por todos sus seguidores (véase Efesios 5:23; Colosenses 1:18). Sin embargo, en su mayor parte el Nuevo Testamento hace referencia a iglesias específicas en ciudades específicas. En esas iglesias iniciales algunos de los creyentes judíos creían que los que se convertían al cristianismo también debían convertirse al judaísmo para nacer de nuevo (véase Gálatas 5; Hechos 15). Esta controversia condujo a una nueva declaración de la verdad de que las personas nacen de nuevo solo al poner su fe en Jesucristo como su Señor y Salvador. *Las iglesias del Nuevo Testamento llegaron a un acuerdo en cuanto a lo que era necesario para nacer de nuevo.* No todas las iglesias de hoy concuerdan en lo que se necesita. ¿Qué ocurrió entre ese entonces y ahora? La iglesia creció y cambió.

El desarrollo de la iglesia y del cristianismo a partir del año 100 a.D. es una historia interesante. Si le interesa leer un libro que pinta un cuadro panorámico, no encontrará otro mejor en inglés que el de Robert Baker, *A Summary of Christian History (Resumen de la historia del cristianismo)*. En ese libro podemos encontrar algunos pensamientos resumidos que nos ayudarán.

Aproximadamente desde el tiempo de la crucifixión de Cristo hasta alrededor del año 300 a.D., los romanos persiguieron a los cristianos. Los cristianos perseguidos se dispersaron y llevaron consigo las enseñanzas del

Nuevo Testamento. Defendieron su fe, proclamaron la certidumbre de su esperanza, y conducían a la gente a Jesucristo como la fuente de la salvación.

Los creyentes testificaron a otros de lo que había pasado en sus vidas, y el resultado final fue a menudo el sufrimiento o la muerte. Policarpo fue alumno del apóstol Juan, y lo mataron como a mediados del siglo segundo a.D. En una carta titulada *El martirio de Policarpo* leemos el siguiente testimonio: "El procónsul le instó diciéndole: 'Jura, y te dejaré libre; maldice a Cristo.' Policarpo dijo: 'Ochenta y seis años le he servido, y jamás me ha hecho algún mal; ¿cómo podría blasfemar al Rey que me salvó?'"[1] Su enfoque recaía sobre Cristo como Salvador.

En el año 250 a.D. un obispo llamado Cipriano dijo: "Nadie puede tener a Dios por Padre si no tiene a la iglesia por madre". Poco después dijo: "En donde está el obispo, allí está la iglesia, y no hay iglesia donde no hay obispo". Robert Baker escribió: "Para el año 325 a.D. la fe había perdido su carácter personal como siendo la total dependencia de la persona directamente en la persona y obra de Jesucristo. Más bien, aun cuando Cristo era una parte del sistema, la fe debía dirigirse hacia la institución llamada la iglesia; y la salvación no resultaba del poder inmediato y regenerador del Espíritu Santo, sino mediado por los sacramentos del bautismo y de la Cena del Señor".[2]

¿Qué había ocurrido? Constantino el Grande llegó a escena y cambió la persecución imperial contra la iglesia en tolerancia y después con favores. Al principio dejó de perseguir a los cristianos (alrededor del año 305 a.D.). Luego, en 311 a.D. dictó un decreto exigiendo tolerancia para los cristianos. En 325 a.D. emitió un ruego general a sus súbditos para que se convirtieran al cristianismo. Entre los años 378–395 a.D., bajo Teodosio, el cristianismo llegó a ser la religión oficial del estado. Los expertos han comentado que el cristianismo jamás se ha recuperado del golpe que significó el cambio de la persecución imperial al favor imperial. Las razones para esta afirmación son complejas, y hay que trazar el desarrollo total. Pero podemos mirar algunos de los cambios a grandes rasgos.

Aun cuando algunos líderes religiosos individuales habían llegado a tener más poder y existía cierto grado de jerarquía antes de Constantino, lo cierto es que este gobernante aumentó los elementos que estaban alejando a la iglesia del modelo del Nuevo Testamento. Bajo la influencia de Constantino la gente entró a la iglesia en masa sin jamás haber nacido de nuevo. Eran creyentes falsificados o equivocados, y trajeron consigo su paganismo e impurezas. Se pervirtió el camino de salvación para enfocar el hecho de pertenecer a una institución en lugar de oír el mensaje de la institución respecto a Cristo y dar una respuesta a Jesús. Este desarrollo debería ayudar a todo mundo a ver que aun cuando los cristianos llevan esta designación porque se supone que deben ser seguidores de Cristo, nadie debe juzgar a Cristo solo por sus seguidores: Puede haber creyentes falsificados, que llevan el nombre de cristianos pero sin jamás haber nacido de nuevo.

Algunas ideas contrarias a la Biblia

Como alguien ha comentado, el cristianismo salió de las catacumbas de Roma y llegó al trono en menos de un siglo. Pero en su jornada hasta el trono varias ideas contrarias a la Biblia se hicieron más fuertes. Se enseñó que el bautismo era necesario para la salvación. La gracia (o el favor de Dios) llegó a ser algo que la persona recibía mediante la iglesia en lugar de recibirlo directamente de Dios. La congregación que anteriormente había mirado a Dios y tratado de gobernarse por la voluntad de Dios, ahora miraba a los obispos poderosos como cabezas de la iglesia. Podemos decir que el período de desarrollo del papado tuvo lugar entre los años 325 a 1215 a.D.; y el período de la reforma occidental desde el año 1215 hasta 1648 a.D. Fue en 1302 que el papa Bonifacio VIII afirmó que *fuera de la iglesia no hay salvación*.

De muchas maneras esa fue la edad oscura del cristianismo. Pero el estudio cuidadoso de esos años de oscurantismo muestra que siempre hubieron rayos de luz brillando en la oscuridad y diciéndonos lo que quiere decir nacer de nuevo. La Biblia, que quedó tan tristemente en el olvido, fue preservada para el tiempo cuando la gente vería de nuevo la necesidad de compaginar sus creencias y acciones con las enseñanzas de la Biblia.

Si usted no ha estudiado la historia, le costará creer lo que se ha hecho a nombre de la religión, y particularmente entre los años 325 a 1517 a.D. Los líderes religiosos enseñaban doctrinas que no tenían ninguna base bíblica, se enredaron en la más grosera inmoralidad como forma de vida, se vieron a sí mismos como por encima de sus gobernantes políticos, y tildaban de herejes a las personas que trataban de ser semejantes a Cristo, y las consideraban dignas de ser estranguladas y quemadas. *No todos los líderes religiosos fueron así, pero muchos sí.* La iglesia católico romana era la iglesia oficial, y a veces en realidad no hubo ninguna separación entre la iglesia y el estado. La gente aprendió y creía ideas ridículas acerca de la salvación. Para la salvación la gente miraba a la iglesia institucional, a los sacramentos (el bautismo, la Cena del Señor, y otros), y las buenas obras. Había una falta de énfasis en la salvación como una dádiva de Dios que se recibe al confiar en Jesucristo.

Para balancear este cuadro lúgubre con los rayos de luz ya mencionados, lea *Forward Through the Ages (Avance a través de los siglos)* por Basil Matthews. Este libro muestra que había personas preocupadas que durante esos años de oscurantismo trataban de hacer la voluntad de Dios. Este contraste de conducta recalca incluso más vívidamente la responsabilidad de cada individuo ante Dios y su prójimo, sin que importe lo que otros hagan.

Nuevos comienzos

El fin de la larga noche de tinieblas espirituales llegó con la aurora de nuevos comienzos. Los siglos trece y catorce fueron como la tenue luz de un nuevo día que se abre al amanecer espiritual en el siglo dieciséis.

La Biblia había estado disponible primordialmente en hebreo, griego y latín para las contadas personas educadas que podían leer estos idiomas. Wycliffe, Tyndale y Coverdale fueron hombres que se entregaron a la tarea de traducir la Biblia al inglés para que las personas comunes de Inglaterra pudieran leerla por sí mismas. Martín Lutero la tradujo al alemán. En 1569 Casiodoro de Reina tradujo la Biblia al español. Se inventó la imprenta movible. Y la gente revivió con un hambre espiritual que no estaba siendo saciado.

Martín Lutero fue la chispa que encendió la Reforma. Tenía como veintidós años cuando un rayo cayó cerca de donde estaba y le asustó hasta los huesos. Ya había estado sintiendo que necesitaba arreglar sus cuentas con Dios, y ese evento lo convenció. Entró en un monasterio, y no halló allí la paz espiritual. Hizo buenas obras, confesó todos los pecados que podía recordar y se inventó los que no podía recordar; y estudió y enseñó la Biblia. Lo que aprendió en la Biblia le llevó a una nueva vida y paz. Se dio cuenta de que la nueva vida era posible solamente dejando a un lado cualquier cosa que se interpusiera en el camino y confiando solo en Cristo. Con sus nuevas perspectivas bíblicas quería que la iglesia se reformara y volviera a las enseñanzas bíblicas respecto a la salvación y muchas otras cosas. El 31 de octubre de 1517 clavó en la puerta de una iglesia una lista de noventa y cinco tesis o puntos sobre los que quería debatir. Esos eran días en que a uno podían quemarlo por discrepar con la iglesia estatal.

En un debate ante los líderes religiosos que podía haber terminado en su muerte, Martín Lutero concluyó diciendo: "A menos que me convenzan con la Biblia y la razón sencilla—no acepto la autoridad de papas y concilios, porque se contradicen unos a otros—mi conciencia es cautiva de la Palabra de Dios. No puedo y no me retractaré de nada, porque no es bueno ni seguro ir contra la conciencia. Que Dios me ayude. Amén". La versión impresa añadía lo que indudablemente pensaba, aun cuando no lo dijera en voz alta: "Aquí estoy. No puedo hacer otra cosa".[3]

Sorprendentemente, Lutero vivió hasta morir de vejez; pero incluso si no hubiera sido así, había nacido de nuevo, y todo lo que la muerte podría haber hecho era abrirle la puerta a una vida más plena.

Junto con Lutero vinieron Zuinglio, Calvino, los anabautistas y otros reformadores. Diferían en su comprensión de varias partes de la Biblia, y en sus nociones del gobierno de la iglesia, la Cena del Señor, el bautismo, el pacifismo, y otros asuntos. Pero concordaban en esencia en lo que se requiere para nacer de nuevo. La Reforma protestante cambió la constitución de la escena religiosa en los siglos dieciséis y siguientes. La palabra *protesta* quiere decir más que levantar una objeción; quiere decir hablar a favor de. Los que se unieron en la protesta sentían que estaban confesando y reafirmando el patrón de fe que se hallaba en las primeras iglesias del Nuevo Testamento.

Desde la Reforma protestante han habido reformas dentro de la iglesia católico romana, han surgido toda clase de grupos evangélicos libres de toda iglesia oficial, y sectas que se han separado. Han habido grandes despertamientos después de períodos de sequía espiritual. No tenemos espacio para trazar ni siquiera los principales brotes de desarrollos religiosos desde la Reforma, pero sí podemos afirmar que la Reforma puso la fe individual y la expresión colectiva de la misma de nuevo en perspectiva y proveyó un mejor equilibrio.

La iglesia es importante. Jesús compró a la iglesia, la gente que ha nacido de nuevo, con su propia sangre (véase Hechos 20:28). Sin embargo, la iglesia no salva a nadie. Tiene la responsabilidad de proclamar el mensaje de salvación. Esta perspectiva es lo que llegó a ser el enfoque de multitudes durante el período de la Reforma protestante. Al mismo tiempo tenemos que reconocer que muchas personas no cambiaron su perspectiva, ni entonces, ni ahora. Siguen creyendo que la salvación viene mediante la iglesia y sus sacramentos. Son libres de creer lo que quieran, pero harían bien en regresar al punto de referencia.

Punto de referencia

Una investigación de un estrellamiento de un avión comercial llevó más de un año para completarse. Cuando el estudio concluyó y se recibieron los resultados, el veredicto fue que el accidente ocurrió debido a un error del piloto; un error de parte de un piloto de mucha experiencia y bien entrenado. Pareció que el piloto vio algunas luces en el suelo que tomó como punto de referencia. Pero las luces se hallaban en un valle inclinado y el aeroplano se estrelló porque el piloto no miró el altímetro para verificar su altitud, sino cuando ya era demasiado tarde como para elevarse de nuevo.

Como usted ve, el punto de referencia puede ser la diferencia entre la vida y la muerte. Muchas personas ignoran a la Biblia como punto de referencia y siguen sin poder comprender por qué sus vidas están cayendo en picada y por qué se dirigen a un desastre.

Un joven pastor le dijo a su congregación: "Somos una generación de analfabetos bíblicos que pueden leer, una generación que cree en la Biblia pero que no hace lo que dice". Llegó a esa conclusión al mirar a la forma en que vive la gente, escuchando sus convicciones y examinado su conocimiento de la Biblia. Cuando la gente no vive como es debido, ni habla lo que es debido, y no piensa como es debido, uno tiene que poner en tela de duda su punto de referencia.

A veces las personas piensan que están viviendo bien cuando en realidad andan de cabeza. Sin un punto de referencia no se puede decir si uno está derecho o patas arriba. Después de que algunos astronautas habían ido a la luna y regresado, estaban viendo algunas películas de la nave de comando y el módulo lunar que se habían separado en el espacio. Uno de los astronautas comentó al otro: "Estás de cabeza". La respuesta fue: *"Alguien* estaba de cabeza". Estaban bromeando, pero demostraron el punto: Un punto de referencia es esencial para saber si uno está derecho o patas arriba.

Nadie puede deletrear correctamente si un punto de referencia, e incluso así uno tiene que escoger su punto de referencia. Por ejemplo, busque la palabra *pizza* en varios diccionarios, y hallará diferentes formas de deletrearla. Usted tendrá que escoger cuál diccionario va a usar como punto de referencia.

¿Cómo puede una persona esperar vivir una vida ordenada con significado, si no tiene un punto de referencia? Si la moral de nuestro tiempo y las creencias cambiantes de nuestra generación son sus puntos de referencia, entonces usted ha escogido descartar la Biblia como punto de referencia. Si la Biblia es su punto de referencia, usted tiene la guía en cuanto a cómo Dios quiere que usted viva. Aun cuando ningún ser humano es perfecto, la Biblia nos ayuda a fijar una norma para juzgar la vida y para saber en qué dirección marchar. La conciencia no es una guía confiable, a menos que la conciencia esté iluminada por la Palabra de Dios. Tampoco se puede confiar en los sentidos.

Usted tiene que ligar su conciencia y sentidos a la Palabra de Dios. En esa palabra usted hallará a Jesús, y él le dará una nueva vida. Usted no dejará de ser un ser humano, sino que tendrá una vida eterna y recibirá una nueva naturaleza que le permitirá vivir en una dimensión espiritual como nunca antes.

La Reforma protestante volvió al punto de referencia a lo que creían y escribieron los cristianos del primer siglo. Los reformadores pusieron la Biblia por encima de la tradición.

Pero no se debe adorar ni a la tradición ni a la Biblia, aun cuando cada una tiene su lugar. En cierto sentido, algunos aspectos de la tradición pueden ayudarnos a comprender los intentos que ha hecho el hombre por comprender a Dios y su voluntad. La Biblia, en cambio, nos señala a Jesús (Juan 5:39–40), y Cristo es quien interpreta supremamente a Dios y su voluntad, y nos provee de vida eterna, si le entregamos nuestras vidas.

Creer en la Biblia no es cuestión de fe ciega, y ni tampoco de seguir ingenuamente las tradiciones. Algunas de las mentes más sabias, filosóficas y científicas de nuestra era han concluido que las verdades de la Biblia son las mejores alternativas entre todas las posibles. En el estudio del conocimiento, el último paso de prueba es siempre un salto de fe. Los que han probado las alternativas y han nacido de nuevo saben por experiencia que el mejor salto de fe es hacia la Biblia y a Jesús como se revela en la Biblia. Como alguien dijo: "La persona que ha tenido una experiencia nunca está a merced de quien tiene meramente un argumento".

Verdades redescubiertas

Los reformadores redescubrieron algunas verdades viejas que les condujeron a poner mucho de su tradición en línea con las enseñanzas de la Biblia. No tenemos espacio para mirar a todas esas verdades redescubiertas, pero veamos unas pocas de las principales.

Los reformadores descubrieron de nuevo el lugar de la Biblia, y que la Biblia se debe interpretar por la norma de Jesucristo. Redescubrieron que el nuevo nacimiento resulta cuando la persona se entrega individualmente a Jesús y recibe la salvación como dádiva de Dios, y que no es algo que se puede comprar o ganarse por obras. Descubrieron de nuevo que una persona puede tener la seguridad de su salvación.

Los anabautistas (rebautizadores) enseñaron que el bautismo es solo para el creyente. En otras palabras, reconocieron que el bautismo es para adultos y que no tiene ningún poder salvador en sí mismo. Es un símbolo que ilustra la muerte a la vieja manera de vivir y pensar, y el ser resucitado a una nueva manera de vivir y pensar. Llegaron a ver que el rociar agua o derramarla sobre los infantes no tiene ningún poder, por cuanto los infantes no tenían uso de razón como para ser creyentes.

Los reformadores descubrieron nuevamente que una persona no tiene que acudir a un sacerdote para hablar con Dios y para recibir las bendiciones de Dios. A esta doctrina se le llama *el sacerdocio del creyente*. Quiere decir que cada persona puede ser su propio sacerdote y orar directamente a Dios. Esta enseñanza de ninguna manera elimina la necesidad de maestros, predicadores y otros dirigentes religiosos, pero sí pone a esos cargos en la perspectiva apropiada.

La persona no nace de nuevo porque se le rocíe un poco de agua encima o reciba la bendición de algún sacerdote. No nace de nuevo porque reciba la confirmación a los privilegios de adulto en la membresía de alguna iglesia cuando alcanza cierta edad. La persona no nace de nuevo simplemente por nacer en una familia cristiana y por asistir a la iglesia con ellos. La persona nace de nuevo cuando reconoce su rebelión contra Dios y toma la decisión personal e individual de confiar en Jesucristo y convertirse en seguidor suyo. Sin que importe la etiqueta religiosa que use una persona, si toma la decisión de confiar en Jesús como Señor y Salvador, esa persona empieza una nueva vida que nunca termina. Es una vida de más alta cualidad de lo que jamás podía haber imaginado antes de tener esa experiencia. Sea que la persona sea metodista, bautista, episcopal, o de cualquier otra religión, al nacer de nuevo tiene la misma experiencia; tiene que confiar en Jesús como Señor y Salvador. Esto es lo que los apóstoles sabían. Es lo que Martín Lutero descubrió. Eso es lo que han sabido los creyentes en todas las épocas. Confiar en

Cristo es una experiencia que no está confinada a ninguna región, raza o época en la historia.

La Reforma protestante va aproximadamente desde 1517, cuando Lutero clavó sus noventa y nueve tesis para debatirlas, hasta 1648, cuando la Paz de Westfalia marcó el fin de la Guerra de los Treinta Años. Ese período de redescubrimiento fue un período de nuevos comienzos, y que continúan hasta hoy. Hemos atravesado períodos de extremo paganismo y puritanismo; hemos atravesado grandes despertamientos espirituales, al igual que severas sequías espirituales. Pero tal vez hemos aprendido algunas lecciones que nos ayudan a evitar cometer los mismos errores del pasado.

Como ya leímos anteriormente, Karl Bath dijo: "La iglesia es más fiel a su tradición, y se da cuenta de que su unidad con la iglesia de todas las épocas, cuando se eslabona pero no se ata a su pasado, sino que hoy examina la Biblia y orienta su vida por ella como si hubiera ocurrido hoy por primera vez".[4] Así que, para concluir este capítulo, asegurémonos de que sabemos lo que la Biblia enseña en cuanto a nacer de nuevo.

Una vez más de la Biblia

La Biblia enseña que el nuevo nacimiento es una experiencia individual que ocurre cuando una persona se vuelve de confiar en sí misma y se entrega a confiar y seguir a Jesucristo como el Amo de su vida.

Cristo es el Hijo de Dios. Siempre lo ha sido, lo es y lo será. Nunca hubo un tiempo cuando Cristo no existía. Pero en un momento en el tiempo se hizo un ser humano. Siguió el plan que Dios el Padre trazó desde antes de la fundación del mundo. Nació de una virgen, vivió una vida sin pecado, y luego se entregó voluntariamente para morir en la cruz para proveer el perdón de pecados para toda la humanidad, y darle vida eterna. Murió en la cruz y fue sepultado en una tumba por tres días; luego Dios lo resucitó para vivir para siempre.

Personas que conocían a Cristo y le vieron muerto también le vieron resucitado y vivo. Literalmente cientos de personas vieron a Jesús vivo después de su muerte.

A toda la secuencia de su nacimiento, vida, muerte y resurrección a veces se le llama el Evento de Cristo. Todos los que llegan a ser creyentes, que nacen de nuevo, tienen la misma promesa de la vida eterna que Jesús tiene. La dádiva o don de la vida eterna es un obsequio de la gracia de Dios, lo que quiere decir que Dios le ha dado a la humanidad un don en un Hombre que la humanidad no merecía ni podía merecer. Recibir ese obsequio es el único camino para recibir una nueva vida, una nueva naturaleza.

Aun cuando la Biblia entera abre las puertas a la voluntad de Dios y su provisión de la vida eterna, Juan 3 y 1 Corintios 15 son dos capítulos de la Biblia que nos dicen en forma muy clara lo que la Biblia quiere decir al hablar de nacer de nuevo. Estas verdades son fundamentales para mayor estudio y comprensión. Sin embargo, las pocas palabras que usted acaba de leer arrojan algo de luz sobre la cualidad de vida y la plenitud de vida que resulta al nacer de nuevo. Hay mucho más, pero la razón primordial por la que hemos mirado de nuevo a la Biblia es enfocar en la decisión individual de entregarse a Cristo. Ese hecho es la esencia del nuevo nacimiento.

La terminología religiosa tradicional usará algo del lenguaje que yo he usado, pero también hablará de convicción de pecado, arrepentimiento del pecado, confesión de pecado, creer en Jesús como Señor y Salvador. He tratado de explicar algo de la terminología tradicional, y he tratado de usar lenguaje de todos los días y que no pide más explicación. Pero, cualquiera que sea la terminología que se use, tal vez podamos ver mejor lo que quiere decir nacer de nuevo al ver los cambios que resultan de esa experiencia. Podemos notar los cambios, y podemos verlos ilustrados en las vidas de las personas. Así que, al explicar lo que quiere decir nacer de nuevo, el siguiente enfoque será en el cambio.

4. Cambios que tienen lugar

La mariposa es la ilustración más visible de la naturaleza en cuanto al nuevo nacimiento. En un tiempo sin lustre y arrastrándose por el suelo, la mariposa emerge de su crisálida con hermosos colores radiantes, remontándose por el aire. Libre, NACIDA DE NUEVO, justo como cada uno de nosotros puede ser cuando nacemos, por medio de Cristo, de nuevo en el Espíritu (Charles Colson).[1]

La ilustración dada por Charles Colson es muy buena. Él experimentó en su propia vida un cambio que fue tan drástico como el de una oruga convirtiéndose en una mariposa. Años antes de haber tenido esta experiencia, el Dr. Harry Rimmer usó la misma ilustración que describe el nuevo nacimiento, en un folleto titulado *Gusanos Voladores*. Allí dijo: "Cuando los primeros biólogos hallaron que las orugas se convertían en mariposas y no podían descubrir cómo, querían describir el proceso. Así que tomaron una antigua palabra griega *metamorfomai* y acuñaron la palabra moderna 'metamorfosis', ¡que se usa hoy para describir el nacimiento de una mariposa!⟩

"Así que como ve usted, nuestra parábola es muy exacta: en verdad llegamos a 'ser cambiados' por el inexplicable misterio y maravilla del nuevo nacimiento, así como a los gusanos les salen alas mediante el proceso de metamorfosis".[2] Metamorfosis es una palabra grande, pero es muy buena para describir el cambio drástico en forma o estado de existencia que ocurre en varios aspectos de la vida. El diccionario describe metamorfosis en relación a las personas como "un cambió completo en la apariencia, circunstancias, condición o carácter de una persona". Vemos el pensamiento de esa descripción al mirar Mateo 17:1–2, Romanos 12:1–2 y 2 Corintios 3:18.

Mateo 17:1–2

Seis días después, Jesús tomó consigo a Pedro, a Jacobo y a Juan, el hermano de Jacobo, y los llevó aparte, a una montaña alta. Allí se transfiguró en presencia de ellos; su rostro resplandeció como el sol, y su ropa se volvió blanca como la luz.

Romanos 12:1–2

Por lo tanto, hermanos, tomando en cuenta la misericordia de Dios, les ruego que cada uno de ustedes, en adoración espiritual, ofrezca su cuerpo como sacrificio vivo, santo y agradable a Dios. No se amolden al mundo actual, sino sean

transformados mediante la renovación de su
mente. Así podrán comprobar cuál es la voluntad
de Dios, buena, agradable y perfecta.

2 Corintios 3:18

Así, todos nosotros, que con el rostro descubierto
reflejamos como en un espejo la gloria del Señor,
somos transformados a su semejanza con más y
más gloria por la acción del Señor, que es el
Espíritu.

En estos tres pasajes bíblicos se usa el verbo griego
para metamorfosis, y la Nueva Versión Internacional
lo ha traducido como *transfiguró y transformados.* En
el nuevo nacimiento no dejamos de ser seres humanos,
sino que llegamos a ser nuevos seres, nuevos seres
espirituales. La persona que experimenta el cambio tal
vez no pueda explicarlo así como no podría explicar
por qué una oruga puede convertirse en una mariposa,
pero sabe que es una persona transformada y que
nunca volverá a ser la misma. La persona que ha rena-
cido tiene la misma concha por cuerpo, pero es una
nueva persona en dedicación, pensamiento, dirección,
relaciones y de muchas otras maneras.

El cambio, en general, no es necesariamente bueno;
pero el cambio que ocurre en el nuevo nacimiento
siempre es bueno. Es lo mejor que jamás le puede
ocurrir a una persona. Así que, veamos la condición de
la persona antes del nuevo nacimiento, y luego veremos
lo que ocurre en y después del nuevo nacimiento.

Antes del nuevo nacimiento

Todo mundo nace una vez. No todo mundo ha nacido dos veces. Pero llega un momento en la vida de toda persona en el que necesita nacer de nuevo. (Esta necesidad puede ser lo más difícil de entender al explicar lo que quiere decir nacer de nuevo.) Toda persona llega a una etapa y momento en la vida cuando escoge su propia voluntad en lugar de la voluntad de Dios. ¿Qué hay de malo en eso? La Biblia habla de esa decisión como pecado que resulta en muerte espiritual, una separación de Dios y una naturaleza básica que es pecadora. La única manera de salir de la muerte espiritual es mediante la experiencia del nacimiento espiritual.

Se describe al pecado como errar el blanco; y si usted puede imaginarse un blanco y un arquero, empezará a captar el cuadro de alguien que ha errado el blanco. Pero el cuadro del pecado es algo diferente. La gente yerra el blanco de la voluntad de Dios no porque no apuntan al blanco, sino porque le dan la espalda al blanco, y escogen su propia dirección. En el mal de la vida vemos las expresiones de lo que ese pecado es hoy y por qué la persona necesita nacer de nuevo. Dios siempre quiere lo mejor para las personas. Pero cuando esas personas escogen su propio diseño para la vida en lugar del diseño divino, vemos la vida en lo peor (y ciertamente mucho menos que lo mejor): homicidios, adulterio, alcoholismo, crimen, odio, celos, guerra, egoísmo, inseguridad, mentiras, orgullo, arrogancia, y una lista casi interminable de cosas que obviamente son malas. Cuando la gente participa en estas actividades o actitudes revelan una necesidad de nacer de nuevo.

Sin embargo, muchos son ciudadanos decentes y apegados a la ley que no participan en ninguna de las cosas mencionadas. ¿Por qué necesitan nacer de nuevo? La Biblia enseña que la bondad negativa no exime a una persona de la necesidad de nacer de nuevo. En otras palabras, una persona no es buena solo porque evita hacer las cosas malas de la vida. La persona que no se entrega a Jesucristo y que no entrega su vida y posesiones al servicio de Dios también es pecadora y necesita nacer de nuevo. Lea Mateo 25:14–30. La persona descrita como mala fue la que no hizo el bien con lo que tenía. Las buenas obras nunca hacen cristiana a la persona, sino que reflejan algo de la consagración a Cristo de esa persona. El no confiar en Cristo como Señor y Salvador es pecado, y eso se muestra en la forma en que la persona gasta su tiempo, dinero y energías. Todo mundo escoge su propia voluntad por sobre la voluntad de Dios y entra en muerte espiritual; consecuentemente, todo mundo necesita nacer de nuevo. Esto es lo que enseña la Biblia.

Sin que importe lo buena que parezca ser la vida de una persona sin Cristo, será definitivamente mucho mejor con Cristo. Lo mismo es verdad para las naciones. Antes de que la persona nazca de nuevo, no se da cuenta de su potencial o de la calidad de la vida que tiene a su disposición; pero Dios se da cuenta de eso y toma la iniciativa para llamar a toda persona a entregarse a él y seguir a Cristo, y nacer de nuevo.

Después del nuevo nacimiento

Hemos tratado de mirar al nuevo nacimiento desde una variedad de perspectivas, y continuaremos haciéndolo para mostrar las muchas facetas esplendorosas de la experiencia suprema de la vida. Hemos visto que personas de toda clase social están preguntando qué quiere decir nacer de nuevo. Hemos visto que las personas están confundidas y tienen diferentes nociones de lo que quiere decir nacer de nuevo. Este problema no es nuevo; ha existido desde la época de la Biblia y hasta ahora. Una cosa es segura: Los que han nacido de nuevo dicen que un cambio drástico tiene lugar en la experiencia del nuevo nacimiento. Volveremos para mirar el momento del nuevo nacimiento y los factores que lo rodean, pero por ahora hagamos un contraste entre los cambios de condición que ocurren después del nuevo nacimiento.

El teólogo William L. Hendricks nos ha dado uno de los cuadros más claros del *antes* y *después* de la salvación en un sermón titulado "Plena salvación". No se cohibe respecto al lenguaje religioso, sino que más bien recalca la necesidad de explicar ese lenguaje. Libremente usa *salvación* para hablar del nuevo nacimiento. La gente que usa el lenguaje de la Biblia y de la iglesia con frecuencia habla de ser salvo. Es más, los creyentes que se preocupan por la condición espiritual de otros y quieren hablar de las buenas nuevas que Cristo ofrece pueden preguntar: "¿Es usted salvo?" La pregunta ofende a algunos, hace sonreír benévolamente a otros, y recibe toda una amplia variedad de respuestas de los que toman la pregunta en serio.

¿Es usted salvo? Estas son algunas de las respuestas que he oído que se dan a esa pregunta: "Espero que sí. Lo era, pero la iglesia me falló. No; pienso que no. No importa lo que uno crea, con tal de que uno sea sincero. Todos estamos tratando de llegar al mismo lugar. Si mi madre fue cristiana, entonces yo también lo soy. Lo seré uno de estos días. No soy ningún santo, pero vivo mucho mejor que muchos miembros de la iglesia. Soy demasiado malo como para ser salvo. Cuando esté listo para llegar a ser creyente, voy a hacerlo. Solía ser creyente, pero no he asistido a la iglesia por largo tiempo.

Estas respuestas a la pregunta crucial de la vida proceden de personas corrientes. Asocian la salvación con ser buenos, mejorarse o ir a la iglesia. La *asociación* es natural y está bien, pero no llega a la médula de lo que ocurre cuando la persona recibe la salvación. Hendricks explica que la salvación resulta mediante una experiencia con Jesucristo. Ocurre y no puede ser *des*-hecha. Explica el significado de raíz de la salvación y que la salvación es tanto *de* algo como *para* algo.

En el Antiguo Testamento la palabra que se traduce *salvación* significaba originalmente desarrollo amplio, espacioso, sin estorbos. Llegó a significar liberación de problemas. En un mundo de problemas, enredado, que tiende a meter a la fuerza a las personas en lo que no se supone que deben ser, podemos apreciar las posibilidades que incluye la salvación. Otras palabras del Antiguo Testamento que se relacionan con la salvación son liberación, victoria, riqueza, felicidad, prosperidad y paz. Aparte del interés religioso, la gente al parecer tendría un interés natural en una experiencia que podría contener esos elementos.

El verbo que se usa en el Nuevo Testamento para *salvar* procede de una raíz que quiere decir restaurar la salud, o rescatar del peligro. Nos interesa también este significado, ¿verdad?

Para algunos la salvación es una experiencia del pasado, bien preservada, y que consideran esencial para el futuro, pero que no afecta en forma vital el presente. Debido al significado bíblico de salvación, podemos ver que la salvación se refiere a toda la vida; y la salvación ocurre en el nuevo nacimiento. Algo que necesitamos recalcar vez tras vez es que nadie puede salvarse a sí mismo. Es Dios quien salva, pero el ser humano responde a la oferta de la salvación (véase Salmos 3:8; Efesios 2:8-10). Necesitamos darnos cuenta de que la salvación no es algo que se refiere solo a esa parte nuestra a la que nos referimos como alma. Cuando los hebreos pensaban en el alma, pensaban en la persona total. La salvación es para todo en la vida: física, mental, emocional y espiritual.

La salvación es de algo y para algo. Sin avergonzarnos admitimos que es salvación del infierno y al cielo (véase Lucas 3:7; Juan 3; Romanos 6:23; Apocalipsis 21:6–8). Algunos interpretan el cuadro del infierno literalmente, y otros lo interpretan figuradamente. El cuadro literal es horrible; y si las palabras se toman figuradamente, hemos visto que el lenguaje simbólico a menudo pinta cosas demasiado intensas como para ponerlas en palabras literales.

En la actualidad no se escucha mucha predicación acerca del infierno en algunos sectores, y algunos dicen que la predicación sobre el tema no es lo que debiera ser. Sin embargo, ser librado de una existencia interminable en el infierno y llevado al gozo interminable del cielo es una de las razones reales para considerar el nuevo nacimiento. Este cambio en la situación espiritual de la persona es de importancia impresionante. (Usted puede estudiar más sobre el infierno en Mateo 3:12; 8:12; 22:13; 25:30; Marcos 9:44, 48; y Apocalipsis 14:10, 20:14). Dios está en todas partes, pero el cielo habla especialmente de donde está Dios, y allí es donde estarán los creyentes a la larga (véase Mateo 5:12; 24:36; Lucas 15:18; Apocalipsis 18.20).

Muchos dicen que el infierno que algunos enfrentan no es tan solo algo futuro, sino también en la actualidad. Muchos de nosotros podríamos decir de los problemas de la vida: "Ya he encontrado a mi enemigo, y el enemigo soy yo". Somos salvos de nosotros mismos (Romanos 7:24–8:1). Nadie nace adulto, pero el creyente tiene a Dios que le ayuda a crecer y a súperar el yo que hace el mal.

Somos salvos del pecado (Mateo 1:21). Debido a que seguimos siendo humanos, no dejamos de pecar (1 Juan 1:8), pero sí dejamos de practicar el pecado como una forma de vida (1 Juan 3:6–9). A partir del nuevo nacimiento tenemos una nueva naturaleza que nos señala en una nueva dirección. Podemos errar el blanco de la voluntad de Dios; pero después del nuevo nacimiento miramos el blanco, y hay evidencias de que estamos apuntando hacia ese blanco, por más lejos que nos quedemos de lograrlo. El creyente puede empezar a agradar a Dios (véase Romanos 8:6–9).

El creyente está reconciliado con Dios (véase 2 Corintios 5:17–20; Efesios 2:14–17). Dios no le ha dado la espalda a la persona que no es creyente; es al revés. Ese alejarse de Dios se debe a una decisión personal para pecar, para rebelarse contra Dios. Solemos oír el término *reconciliación* en el contexto del matrimonio. En la mayoría de los casos los que observan desde fuera admitirán que tanto esposo y esposa tienen parcialmente la culpa en una separación o divorcio; y cuando tiene lugar la reconciliación, ambos han pasado por alto algunas de las faltas del otro y han vuelto a una relación pacífica. Pero en el caso de Dios y el hombre, no es Dios quien necesita ser reconciliado; es el ser humano, porque el ser humano es el único que ha pecado. En la experiencia del nuevo nacimiento Dios perdona al ofensor, y el ofensor es reconciliado con Dios. Este gran cambio aleja una gran porción de la guerra interna que la persona tiene consigo misma antes del nuevo nacimiento, y la pone en paz con Dios.

Después del nuevo nacimiento tenemos una nueva promesa y un nuevo poder para súperar las tentaciones y los problemas que se suceden en nuestra vida (véase 1 Corintios 10:13; 2 Corintios 12:9). En este mundo que destroza los nervios, casi todo mundo parece estar buscando un sedativo que lo tranquilice; pero Dios le promete al creyente un desafío que pone a trabajar la energía y le da una paz interior que sobrepasa todo entendimiento humano. Esto es algo de lo que quiere decir ser salvo a la vida eterna y a la comunión con Dios (1 Juan 1:7). Dios provee el nuevo nacimiento por medio de Jesucristo y de la respuesta personal del individuo. Así que la persona no es salva por buenas obras, sino que es salva para obrar con Dios para hacerlas (Efesios 2:10). La salvación afecta toda la vida.

Hace poco oí a un pastor contar de una visita que le hizo a un hombre cuya vida tenía más de infierno que de cielo. El hombre tenía problemas en casi todo aspecto de la vida. Había estado en las fuerzas armadas y había sido herido, y ya no era hombre en el sentido físico, y mucho menos en el sentido emocional. Su familia le había abandonado. El pastor oyó que el hombre decía: "¿Qué necesito para que se me haga de nuevo". El pastor pudo decirle: "Las buenas noticias son que usted puede ser hecho de nuevo; puede nacer de nuevo".

La gente puede cambiar

Lo que ha estado leyendo usted en términos religiosos es algo de lo que la gente habla en términos psicológicos. Pueden tener objetivos diferentes en mente, pero han llegado a reconocer que la gente puede cambiar. Por supuesto, la perspectiva cristiana es que Dios inicia, sostiene y completa el nuevo nacimiento. Pero las personas tienen que responder a Dios. Sin embargo, sea en el campo de la religión o de la psicología, la gente se ha percatado de que las personas pueden cambiar.

En su libro *Yo estoy bien, Tú estás bien*, Tomás Harris escribió: "El análisis transaccional... ha dado una nueva respuesta a las personas que quieren cambiar en lugar de ajustarse, a la gente que quiere transformación en vez de conformación [véase Romanos 12:1–2]. Es realista en el sentido de que confronta al paciente con el hecho de que es responsable por lo que ocurre en el futuro, sin que importe lo que haya ocurrido en el pasado. Todavía más, es capacitar a las personas para cambiar, establecer control propio, y dirección propia, y descubrir la realidad de la libertad para escoger".

Más adelante Harris escribe: "Es una experiencia profundamente satisfactoria ver a la gente empezar a cambiar a partir de la primera hora de tratamiento, mejorarse, crecer, y salir de la tiranía del pasado... Si los individuos pueden cambiar, el curso del mundo puede cambiar. Esta es una esperanza digna de conservarse".[3]

En la obra *Las temporadas de la vida* Paul Tournier escribió: "A la luz tanto de la Biblia como de la ciencia moderna, entonces, nos vemos frente no a un hombre abstracto y generalizado, sino a hombres que son concretos y personales. Siempre están en su contexto, en cierta relación con el mundo, con otros y con Dios. Siempre están cambiando". Tournier añadió: "La vida no es una diversión inocente o una aventura al azar; es el juego crucial que se puede jugar solo una vez. Este juego debe necesariamente terminar en la victoria o la derrota". Para la persona que piensa que la vida no tiene esperanza o que está ella misma más allá del cambio, Tournier le daría razón para alentarse: "En todo momento, sin que importen las ruinas que se hayan acumulado, hay un plan de Dios por hallarse".[4]

La Biblia ha enseñado por cientos y miles de años que la gente puede cambiar. Las personas pueden hacer más que cambiar como consecuencia natural del tiempo; pueden entregarse a Dios de modo que cambie su condición por todo el tiempo y la eternidad. En esa rendición personal a Dios y a su voluntad, la persona no pierde su individualidad o capacidad de elegir; sino que pasa a un nivel más elevado de *llegar a ser*. Da el paso que abre la puerta para que llegue a ser todo el potencial que tiene para llegar a ser. En *The Becomers (Los que llegan a ser)* Keith Miller escribió: "Sin que importen las circunstancias que rodean la rendición de una persona, y cualesquiera que sea el contexto específico de su experiencia, casi siempre sigue un extraño

darse cuenta de que ha entrado en un segmento total-
mente nuevo de su vida, como si hubiera volteado la
página y empezado un nuevo capítulo. Jesús dijo que
esta visión fresca de la vida es la vida **naciendo de
nuevo** (Juan 3). El creyente convertido recientemente
tiene un conjunto completamente nuevo de necesida-
des que lo motivan. Quiere llegar a ser diferente de su
pasado. Lo que esto parece querer decir en términos
prácticos es que se siente altamente motivado a aprender un estilo de vida completamente nuevo... Sus
valores viejos dominantes y el frenético sentido de
responsabilidad por su propio éxito no parecen importantes en comparación con aprender de Dios y su
voluntad en la vida ordinaria. Sea que la reacción de
alivio del convertido se exprese en risa a carcajadas, o
en lágrimas en silencio, el sentimiento interior es de
alegría y gratitud".[5]

Ningún individuo, familia o nación, jamás ha que-
dado en peor situación debido a la experiencia del
nuevo nacimiento. Lo contrario es cierto: Cuando la
persona nace de nuevo, es mejor consigo mismo, con
su familia, en su nación y para el mundo. Nacer de
nuevo no hace que una persona se convierta en un
gran político, atleta o alguna otra cosa. Pero cuando la
persona tiene capacidades en un aspecto determinado,
y nace de nuevo, este cambio en su vida elevará cualquier capacidad que tenga. Cuando una persona se
entrega a Dios, halla que Dios le reta a usar sus capacidades al máximo (véase Mateo 25:14–30).

Al cambio del nuevo nacimiento a veces se le llama conversión. Hace unos momentos mencionamos que Keith Miller se refería al "creyente recientemente convertido". Básicamente una conversión es un cambio. Hemos hablado de la persona antes del nuevo nacimiento, después del nuevo nacimiento, y del hecho de que las personas pueden cambiar. Ahora haremos bien en mirar algunos conceptos clave en la conversión, para estar seguros de que comprendemos la médula de la experiencia del nuevo nacimiento que incluye los cambios de que estamos hablando.

Conceptos clave en la conversión

No se puede hacer estereotipos de las experiencias de la conversión. Los cambios incluidos en la experiencia de nacer de nuevo alcanzan ciertos conceptos que algunos de nosotros tendemos a describir como pasos en la conversión: uno, dos, tres, cuatro. Todos los conceptos tal vez siguen un orden lógico. Pero nacer de nuevo es como enamorarse: la secuencia de eventos puede variar. Por ejemplo, la primera vez que vi a mi esposa sentí que ella era la joven con quien me casaría un día. Ella había salido con un amigo mío, así que la secuencia de eventos que nos llevaron a conocernos, salir juntos y a la larga a casarnos no fue necesariamente la misma secuencia que usted u otros siguieron y que los condujo al matrimonio. Pero los conceptos básicos probablemente fueron muy parecidos.

Más específicamente, pudiéramos mirar una encuesta nacional Gallup de 1976 que muestra que una persona en cada tres (34% de los encuestados) dijo que ha nacido de nuevo. A la gente se le preguntó: "¿Diría usted que ha nacido de nuevo o que ha tenido la experiencia de nacer de nuevo; es decir, un momento decisivo en su vida cuando se entregó a Cristo?" De los que respondieron, el 48% eran evangélicos, el 18% católico romanos; el 28% eran hombres, y el 39% mujeres; el 27% tenía universidad, el 36% secundaria y el 42% primaria; el 29% tenían de 18 a 29 años, el 33 % de 30 a 49 años, y el 39% más de 50 años. El 23% vivían en el este de los Estados Unidos, el 34% en el medio oeste, el 55 % en el sur y el 20% en el oeste. No es necesario ser muy estudiado para saber que evangélicos y católico romanos difieren en mucho en su teología y lo que quiere decir nacer de nuevo. Pero a gente de ambos grupos se les hizo la misma pregunta y convinieron en que habían nacido de nuevo. Lo mismo es cierto respecto a otros grupos. Así que en lugar de mirar primordialmente a los pasos exactos, veamos algunos conceptos clave en la conversión mirando algunos términos clave.

Convicción. Una persona tiene que convencerse de que algo anda mal en su vida antes de que quiera probablemente hacer algún cambio. El salmo 51 es un cuadro vívido de una persona que se siente convicta y convencida de que ha hecho algo malo. Un estudio de la Biblia revela que el Espíritu de Dios es quien produce convicción. Cuando las personas se comparan con otras, tienden a mostrarse como ciudadanos bastante buenos, por lo menos a su propia manera de pensar. La única persona con quien vale la pena compararse es Jesucristo, y nadie puede alcanzar la medida de esta única Persona sin pecado. Contra la vida pura de Jesús, todas las demás se ven inmundas y arruinadas.

Lucas 18:18–24 nos relata la ocasión cuando un joven rico quería una vida de calidad a la que llama *eterna*. Un rápido examen mostró que el hombre tenían buenas normas sociales; sin embargo, tenía la falta de amar más al dinero que a Dios. Tantas personas saben que no han nacido de nuevo; sus vidas están vacías, son huecas, aburridas, sin propósito, y quieren cambiar. Pero demasiado a menudo no ven nada malo en sus vidas; y si el mal se hace obvio, tal vez no quieren entregarse a Cristo y dejarle que él las cambie. La convicción es necesaria; pero la convicción por sí sola no es salvación.

Arrepentimiento. Arrepentirse es mucho más que lamentarse. Hay una clase de arrepentimiento que es remordimiento, tal como que le impongan una multa por haberse dejado pescar yendo con exceso de velocidad. Pero la clase de arrepentimiento que lleva a una vida nueva es un cambio de parecer que resulta en un cambio de la condición, actitudes y acciones. Es dar una media vuelta en la vida. La persona que se arrepiente es la que toma la decisión de alejarse del pecado y empezar a seguir a Cristo. El arrepentimiento es la clave que le abre a la persona las puertas para un estilo de vida completamente nuevo, para que Dios pueda obrar el milagro del nuevo nacimiento. El arrepentimiento es una faceta de la conversión; es un momento decisivo que dirige a la persona hacia Dios. El arrepentimiento es necesario para la salvación (Mateo 3:2, 8; 4:17). Pero hay más en la salvación que solo convicción y arrepentimiento.

Confiar. La Biblia dice: "Cree en el Señor Jesús; así tú y tu familia serán salvos" (Hechos 16:31). Este creer es más que dar asentimiento intelectual al hecho de que Jesús vivió. El concepto es confiar. Cuando una persona le confía a Jesús su vida y su destino, entonces cree con la clase de creencia necesaria para la salvación y la clase de creencia que produce cambio en su vida.

Confesión. La confesión por sí sola no es salvación. Una persona puede confesar todos los días que Jesús es Señor, y sin embargo no hablar de la experiencia de haber nacido de nuevo (Mateo 7:21–23). Pero ligada con la convicción, el arrepentimiento y el confiar, la confesión es un concepto clave en la conversión. Romanos 10:9–11 dice: "Que si confiesas con tu boca que Jesús es el Señor, y crees en tu corazón que Dios lo levantó de entre los muertos, serás salvo. Porque con el corazón se cree para ser justificado, pero con la boca se confiesa para ser salvo. Así dice la Escritura: 'Todo el que confíe en él no será jamás defraudado'".

La confesión, en este respecto, quiere decir primero que nada confesar a Jesucristo como Señor y

Salvador, más que confesar nuestros pecados específicamente. Asimismo, esta confesión no se trata de contarle nuestros pecados a algún sacerdote o ministro, porque nadie en la tierra tiene poder para perdonar pecados. Según la Biblia, cualquier confesión de pecados debe ser hecha directamente a Dios. Solía oír a un hombre confesar sus pecados todas las semanas, pero nunca mostraba evidencia alguna de apartarse de ellos o de hacer algo al respecto. La confesión sin los otros conceptos clave de la conversión, es impotente. Pero confesar que Jesús es el objeto de su fe y el amo de su vida es importante. No hay excusa real para guardar como secreto esa entrega. Alguien dijo muy sabiamente: "No hay cosa tal como el discipulado secreto; o bien el discipulado destruirá el secreto, o el secreto destruirá el discipulado".

Perdón. Cuando una persona responde a la convicción con arrepentimiento, entrega y confesión, Dios le perdona todos sus pecados y le da una vida que es nueva en tiempo y cualidad. La persona es hecha una nueva criatura; nace de nuevo.

Los que no han nacido de nuevo no saben lo que se están perdiendo. Un amigo mío estaba conduciendo en cierta ocasión por las montañas Smoky. Iba solo con su esposa y habían estado conduciendo por largas horas, cuando ella señaló que se les estaba acabando la gasolina y que debían detenerse. Mi amigo pasó una gasolinera tras otra, confiado en que sabía cuando era tiempo de detenerse para comprar gasolina. De repente la aguja del medidor saltó, y fue a parar más abajo de vacío, y mi amigo sabía que lo próximo que oiría sería: "Te lo dije". No había ninguna gasolinera a la vista. Finalmente, cuando parecía que el auto no avanzaría mi medio metro más, mi amigo llegó a la parte más alta de una subida y al pie de la bajada vio una gasolinera. Usted tendría que estar casado y hallarse en ese predicamento para saber el alivio que sintió mi amigo. Cuando el viejo que atendía la gasolinera salió a llenar el tanque, mi amigo le dijo: "Es bueno estar vivo, ¿verdad?" mientras aspiraba una gran bocanada del aire fresco de las montañas. Sin siquiera levantar la vista, el anciano le respondió con toda seriedad: "No lo sé; nunca he estado en otra situación".

Pero la persona que ha nacido de nuevo sabe la verdad bíblica que dice: "En otro tiempo ustedes estaban muertos en sus transgresiones y pecados, en los cuales andaban conforme a los poderes de este mundo" (Efesios 2:1–2). La persona que nace de nuevo se da cuenta de lo que es estar muerto, porque sabe que estaba muerto en sus pecados y transgresiones; y sabe lo que es estar espiritualmente vivo.

Cambios que tienen lugar

En la experiencia de la conversión hay cambios que tienen lugar. Una persona recibe la salvación. Es salva del infierno en la tierra y en la eternidad. Es salva de una vida desperdiciada y dañina en la tierra. Recibe a

Jesús como el amo de su vida, lo que siempre va con recibir a Jesús como Salvador. Se convierte en residencia del Espíritu de Dios (Efesios 1.13–14; 4:30). Estos cambios fundamentales tienen lugar en cualquier persona que nace de nuevo.

La persona que nace de nuevo no es perfecta. Con toda probabilidad volverá a pecar, pero no practica el pecado como una forma de vida (1 Juan 3:6–9). No tendrá todos sus problemas resueltos; es más, es probable que halle unos cuantos problemas más. Pero tendrá la fuerza y la dirección para lidiar con esos problemas. Hallar el gozo al saber que su vida y su destino están seguros en Jesucristo. Ese es un cambio que vale la pena hacer.

5. Un nuevo usted

No se amolden al mundo actual, sino sean transfor-
mados mediante la renovación de su mente. Así
podrán comprobar cuál es la voluntad de Dios,
buena, agradable y perfecta. (El apóstol Pablo)

El creyente no nace plenamente crecido. Su condición y destino cambian en el momento en que se
entrega a Jesucristo, pero el mismo hecho de su
nuevo nacimiento exige un cambio continuo y que
crezca en sus pensamientos y perspectivas. El capítulo anterior enfocó primordialmente en cómo cambia
la condición de la persona cuando llega a ser creyente. El capítulo no indicó cómo el hecho de nacer de
nuevo afecta a la persona interior. Este capítulo enfo-
cará lo que ocurre después de la conversión, cuando
la persona recibe un nuevo marco mental y rehúsa
dejarse amoldar por los patrones de pensamiento de
la cultura en que vive.

o escribió: "La actitud de ustedes debe ser la de Cristo Jesús" (Filipenses 2:5). El Nuevo amento está lleno de pensamientos que revelan la rma de pensar de Cristo. El Sermón del Monte (Mateo 5–7) es uno de los mejores lugares en donde buscar un bosquejo de los pensamientos, actitudes y acciones que Jesús tenía y que quiere que tengan sus seguidores. Pero hay muchos otros lugares en el Nuevo Testamento que hablan de la persona interior que todo creyente debe ser. Por ejemplo, Gálatas 5:22–23 dice: "En cambio, el fruto del Espíritu es amor, alegría, paz, paciencia, amabilidad, bondad, fidelidad, humildad y dominio propio".

No podremos considerar todos los cambios que deben ocurrir en la persona que nace de nuevo, pero sí veremos a los cambios más básicos en el pensamiento de quienes realmente son creyentes y que realmente tratan de seguir a Cristo. Antes de que veamos esos cambios, probablemente debemos mirar un hecho básico de la vida cristiana.

Un hecho básico

En la experiencia del nuevo nacimiento recibimos una nueva naturaleza, pero no perdemos nuestra naturaleza humana. Cuando recibimos la vida espiritual somos nuevas criaturas; y podemos empezar a agradar a Dios (Romanos 8:6–9). Pero eso no quiere decir que dejamos de desagradar a Dios. El mismo Pablo escribió Romanos 7:14–25, para decir que sabía que no era perfecto y que necesitaba ayuda para llevar a la práctica día tras día el compromiso que había contraído mentalmente (véase especialmente Romanos 7:25). Cuando el creyente se queda corto en su compromiso con Jesucristo, no es des-nacido; más bien, necesita volverse de esa desobediencia o pecado y pedirle a Dios perdón. Como decía el lema de mi antigua secundaria, grabado en mi anillo de graduación: "No es el fracaso sino un objetivo bajo lo que es un crimen". El creyente debe fijar sus ojos en Jesús; y cada vez que quita sus ojos del objetivo de Jesús, tiene que regresar con una entrega renovada.

Los creyentes no se quedan en los barrios bajos de la vida. Pueden caer allí, pero no se quedan allí si son realmente creyentes. He observado a los cerdos y a las ovejas. Los cerdos están contentos con revolcarse en el lodo y la mugre todo el día. Esa es su naturaleza. Una oveja puede caerse en el lodo, pero con ansia quiere salirse de allí; esa es su naturaleza. Si fuimos como cerdos antes de convertirnos a Cristo, ahora tenemos una nueva naturaleza como de ovejas.

Si estamos seguros de que en realidad y genuinamente nos hemos entregado a Cristo, entonces no debemos tener duda alguna de nuestra salvación, o de nuestra experiencia pasada de haber nacido de nuevo.

Algunos enseñan que uno no ha nacido de nuevo a menos que pueda decir a ciencia cierta el día, el momento y el lugar en que tuvo lugar esa experiencia. Supongo que la mayoría de creyentes podrían decirlo. Sin embargo, oí a un hombre que tenía una memoria muy pobre, y no podía recordar esos datos, pero profundamente consagrado a Cristo. Su respuesta a la pregunta fue: "Tampoco recuerdo la primera vez que nací, pero lo que sí sé es que nací".

Hay evidencias que indican si una persona ha nacido de nuevo. Pero las evidencias se usan mejor para un examen propio y no para juzgar la condición espiritual de otros. Dios, y no el hombre, es el juez. Tenemos las epístolas de 1, 2 y 3 de Juan que nos ayudan a saber si hemos nacido de nuevo. Estas epístolas hablan de amarnos unos a otros tanto como amar a Dios, de creer lo que es debido, y de hacer lo que es debido. Así ellas pueden ayudar a una persona a determinar su condición espiritual. Pero pasemos a considerar al nuevo usted que llega a existir cuando usted sigue el diseño divino para la vida.

Una nueva mente

Una nueva mente tiene nuevas actitudes y pensamientos que brotan de una consagración a Dios al seguir a Cristo. Esa consagración es creer que Cristo es divino y en realidad sabe lo que es mejor para nosotros en cada caso. La salvación espiritual es permanente, pero el nivel de consagración a Cristo varía. (Vemos esto en la iglesia en Éfeso, a la que se describe como habiendo dejado su primer amor; léase Apocalipsis 2:1–7). Tenemos una mente vieja que no nos deja cuando nos convertimos a Cristo, pero esa vieja mente debe estar constantemente en el proceso de renovación.

Los nuevos creyentes quieren ser perfectos ahora mismo, y ese querer es bueno. Pero en su esfuerzo por poner en práctica su fe no pasa mucho tiempo sin que hallen que aun cuando han ganado la guerra, la batalla por sus mentes continúa diariamente. Los creyentes no son lo que sueñan ser, pero pueden balancear sus sueños futuros con las realidades presentes. Scott Fitzgerald escribió de la autobiografía de Amory Blaine: "Siempre era el llegar a ser lo soñado, nunca el ser".[1] El punto es que algunos están tan atareados y ansiosos por el llegar a ser que no disfrutan del ser. Alguien dijo: "Ese es un peregrinaje agradable en el cual el viaje mismo es parte de lugar de destino". Debería haber algunas alegrías tanto en el ser como en el llegar a ser. Al leer algunas de las cosas que caracterizan al creyente maduro usted también puede participar del gozo de lo que es como persona que ha nacido de nuevo; y también puede soñar de lo que puede llegar a ser en el poder de Cristo.

Cuando la persona nace de nuevo, la experiencia que ha tenido y las creencias que sostiene pueden ayudarle a súperar el temor, el egoísmo, la hostilidad, la codicia, el prejuicio, la inseguridad, celos, resentimiento, la falta de una actitud perdonadora, y muchas otras actitudes que lisian la mente. Estas actitudes internas se muestran en síntomas externos, y veremos algunos de ellos en el próximo capítulo.

Tal vez una serie de contrastes nos darán algunas nociones de cómo una persona nacida de nuevo puede llegar a ser nueva.

Seguridad *versus* inseguridad

Por todos lados nos rodean contrastes entre la seguridad y la inseguridad. Cristo les provee a los creyentes una seguridad que nada ni nadie puede quitarles (Romanos 8:32–39). Si usted se tomara el tiempo para hacer una lista de todas las cosas respecto a las cuales usted sabe que la gente se siente insegura, la lista sería muy larga. La gente se siente insegura en cuanto al matrimonio, sus trabajos, su salud, la economía, la escena política, la imagen propia, la toma de decisiones, la moralidad, su condición espiritual, y toda una larga lista de cosas específicas que usted y otros lectores podrían añadir.

La inseguridad carcome la mente y el estómago; erosiona la vitalidad de la personalidad. Algunos han vivido con la inseguridad por tanto tiempo que se sienten incómodos sin ella. La semana pasada un amigo me dijo: "Las cosas marchan tan bien que me pregunto cuánto tiempo va a durar esto". Tal vez estaba sencillamente siendo realista, pero no estaba pensando en la enseñanza de Jesús: "Por lo tanto, no se angustien por el mañana, el cual tendrá sus propios afanes. Cada día tiene ya sus problemas" (Mateo 6:34).

Los problemas vendrán a toda vida, y pueden venir y acompañarle toda su vida. La seguridad del creyente viene al saber que podrá hacerle frente a los problemas, lidiar con ellos, y vivir con ellos si fuera necesario. ¿La muerte? Eso quiere decir el fin de la existencia física y de la vida tal como la conocemos. Pero para el creyente, ni siquiera la muerte es causa de inseguridad. Pablo escribió: "El último enemigo que será destruido es la muerte" (1 Corintios 15:26). Luego añadió: "Porque lo corruptible tiene que revestirse de lo incorruptible, y lo mortal, de inmortalidad. Cuando lo corruptible se revista de lo incorruptible, y lo mortal, de inmortalidad, entonces se cumplirá lo que está escrito: 'La muerte ha sido devorada por la victoria'".

«¿Dónde está, oh muerte, tu victoria?

¿Dónde está, oh muerte, tu aguijón?»

El aguijón de la muerte es el pecado, y el poder del pecado es la ley. ¡Pero gracias a Dios, que nos da la victoria por medio de nuestro Señor Jesucristo! (1 Corintios 15:53–57).

La victoria que tenemos sobre la muerte es la vida. Al nacer de nuevo se nos da una cualidad de vida (vida eterna) que la muerte no puede quitarnos. Después de la muerte física el creyente tiene una vida en un plano más elevado que antes. Aun cuando la vida eterna empieza en el momento en que la persona se convierte a Cristo, para el creyente se eleva mucho más en la vida más allá. Una de las mejores descripciones de esta vida más elevada se halla en Apocalipsis 21:4–5: "Él les enjugará toda lágrima de los ojos. Ya no habrá muerte, ni llanto, ni lamento ni dolor, porque las primeras cosas han dejado de existir'. El que estaba sentado en el trono dijo: '¡Yo hago nuevas todas las cosas!' Y añadió: 'Escribe, porque estas palabras son verdaderas y dignas de confianza'".

Dios no intentó que vivamos en inseguridad. Aun cuando Jesús sabía que moriría en una cruz, les dijo a sus discípulos: "La paz les dejo; mi paz les doy. Yo no se la doy a ustedes como la da el mundo. No se angustien ni se acobarden" (Juan 14:27). Jesús tenía la clase de paz que sabía que Dios está a cargo, sin que importe lo que el hombre o Satanás puedan hacer. Tenía una paz que no dependía en las circunstancias cambiantes. Jesús tenía seguridad, y obviamente quería que sus seguidores tengan esa misma clase de seguridad.

A veces los creyentes se olvidan. Pero cuando los creyentes descansan en la seguridad que Dios les ha provisto, son personas felices y en paz. Pueden hacerle frente al presente, y súperarlo porque saben que Dios tiene la última palabra; y esa última palabra es buena para el creyente.

Jesús vivía seguro, pero también se interesaba. Clamó de corazón cuando los pobladores de Jerusalén escogieron la muerte en lugar de la vida espiritual (Mateo 23:37). Como creyente usted no dejará de tener preocupaciones. Los creyentes a veces se divorcian, pierden sus empleos, se enferman con enfermedades mortales, y sufren como los que no son creyentes. Los cristianos también sufren. Pero tienen a Alguien que les ayuda en su aflicción. Tienen al Cristo viviente, y tienen amigos creyentes. También tienen un marco mental que les permite mirar más allá del presente.

Fe *versus* temor

El temor está estrechamente relacionado con la inseguridad, pero el objeto del temor tal vez no sea tan obvio. Cuando algo amenaza abiertamente la vida o la seguridad, el temor es una emoción natural. El temor como forma de vida no es una emoción que la persona deba tener. La fe en Cristo puede ayudar a la persona a vencer el temor. Lo sé por experiencia personal.

Una vez salía de Nashville al anochecer. El avión en que iba se hallaba como a mitad de la pista para decolar, cuando empezó a vibrar en forma anormal, y parecía que se iba a destrozar. Yo había volado desde esa pista muchas veces antes, así que sabía que algo andaba mal, y sentí un nudo en el estómago. Pero después de unos pocos segundos de sacudirse violentamente el avión se elevó raudo por el aire. Lancé un suspiro de alivio al pensar en mi vuelo a Pittsburgh y luego a Detroit.

Las azafatas aparecieron pronto con las bandejas de comida y sonrisas. Todo marchó bien. La comida fue buena, y el vuelo fue sin contratiempos. Luego llegó el momento de aterrizar. La voz del piloto surgió por los altoparlantes: "No sé si ustedes se dieron cuenta de lo que ocurrió cuando despegamos de

Nashville. Se reventó una llanta de adelante, y es posible que el tren de aterrizaje no funcione como es debido; así que tenemos que prepararnos para un aterrizaje de emergencia. Por favor, sigan las instrucciones de las azafatas".

Tuve miedo. La posibilidad de un desastre se hizo clara conforme los pasajeros se quitaban las dentaduras postizas, los anteojos, y se agachaban en la posición indicada. Yo no tenía dentadura postiza, y no quería quitarme los lentes, con lo míope que soy. Pero una de las azafatas vino y me los quitó.

Me quedé sentado y casi ciego, agachado en posición de aterrizaje de emergencia, y tuve unos pocos momentos para pensar. Mi memoria voló a Phillys, mi esposa, y a mis tres hijos que había dejado en Nashville. No quería dejar una viuda y tres huérfanos. Pero sabía que ellos estarían bien. Yo tenía buenos seguros, y todos ya eran creyentes. Eso me hizo sentir más tranquilo. Luego pensé en toda mi vida, desde mi niñez hasta el presente. Mi miedo se esfumó al recordar cómo había ejercido mi fe y había nacido de nuevo cuando niño. Recordé el versículo bíblico que había leído, memorizado, y creído: "Porque tanto amó Dios al mundo, que dio a su Hijo unigénito, para que todo el que cree en él no se pierda, sino que tenga vida eterna" (Juan 3:16).

Mi fe infantil no fue nada espectacular. No tenía suficiente edad como para haber hecho mucho de lo que la gente consideraría pecado. Pero había oído lo

suficiente, y leí en la Biblia lo suficiente con.
saber que me había rebelado contra Dios. Había (
obedecido a Dios. Había mentido. No tenía paz co
Dios. Así que en un momento de decisión me entre-
gué con todo mi ser y confié en Jesús como mi Dueño
y Salvador. Hasta donde recuerdo, le dije a mi pastor:
"Quiero ser creyente". Desde ese momento he tenido
la seguridad de que nada me puede quitar la vida eterna, y nada me puede separar de Dios y de su amor.

Rápidamente, entonces, mi mente recorrió mis
años de adolescencia. Los años habían volado, y dos
pasajes bíblicos se destacaban como momentos decisivos en mi vida. Uno de esos pasajes era: "Sigo avanzando hacia la meta para ganar el premio que Dios
ofrece mediante su llamamiento celestial en Cristo
Jesús" (Filipenses 3:14). Yo fui un adolescente típico,
y nadie me hubiera tomado por santo. Aun cuando
no había perdido mi experiencia del nuevo nacimiento, me había alejado más de un paso del gozo de mi
salvación. Al observar a mi alrededor a los que no
eran creyentes, me di cuenta de que bien podrían
confundirme por uno de ellos. Mi cristianismo casi
ni se mostraba, excepto por el hecho de que iba a la
iglesia con mis padres. Así como una vez le había
dedicado mi vida al Señor, se la volví a dedicar e hice
de Filipenses 3:14 uno de los lemas de mi vida. Al
tomar en serio esto de tratar de hallar y hacer la
voluntad de Dios, me hallé diciendo: "¡No puedo
hacerlo!" Entonces leí Filipenses 4:13: "Todo lo

o que me fortalece". Me hallé hacien-
más pensé que podría hacer. Volví a
zo de mi salvación y hallé un nuevo
vida.

En cuatro fugaces años de universidad encontré a mi esposa, tuvimos dos hijos, y recibí un título de la Universidad de Baylor. Luego ingresé para estudios más avanzados, y después de otros cuatro años tenía otro título y otro hijo. Pero al mismo tiempo trabajé hasta agotarme. No podía ver cómo un cristiano podría sentir ansiedad por todas las cosas que a mí me producían ansiedad, y se lo conté a mi médico creyente. Me dijo: "Johnnie: Tú no tienes un problema de fe; lo que tienes es un problema físico. Te has excedido y necesitas descanso". Leí: "Depositen en él toda ansiedad, porque él cuida de ustedes" (1 Pedro 5:7). Hice exactamente eso, y recuperé mi fuerza física y emocional.

Es interesante notar que en pocos momentos de recuerdos, recordé un pasaje bíblico que encajaba en cada momento decisivo o de crisis en mi vida. Al recordar esos pasajes bíblicos y momentos decisivos, me llenó una paz increíble; y mi temor desapareció. No tenía ganas de morir, pero tampoco tenía miedo de morir.

El momento de la verdad llegó cuando el avión tocó tierra. El aterrizaje con la llanta baja fue estremecedor, pero el tren de aterrizaje resistió; y todo mundo salió ileso. Los pasajeros le aplaudieron al piloto, y el grupo de extraños se sonreían unos a otros como si hubieran sido viejos amigos. Por lo menos un pasajero aprendió mediante esa experiencia que la fe podía conquistar el temor.

El temor no es algo que ocurre una sola vez. A la mayoría nos vuelve vez tras vez. Pero si practicamos la fe como una forma de vida, podemos vencerlo cada vez que aparece.

No sé qué es lo que le causa temor; pero si tiene miedo de algo, imagínese lo que sería tranquilizarse en su temor y tener fe en que Dios controla su destino. Esa clase de fe aleja el temor innecesario, y nos ayuda a enfrentar y vencer, y ver más allá de las circunstancias que tememos.

En 1975 los ladrones se robaron millones de dólares de las cajas de seguridad de un banco en Londres. Una mujer que perdió como $480.000 en joyas que tenía guardadas en esas cajas de depósito, dijo: "Allí tenía todo lo que tengo. Toda mi vida estaba en esa caja". Había perdido su seguridad y temía por su futuro. La persona que ha nacido de nuevo tiene su vida envuelta en su consagración a Cristo, no a las cosas; y simplemente no puede perder su seguridad. Tampoco tiene razón para temerle al futuro. El hecho de llegar a ser creyente cambia el sentido de valores de la persona, y en realidad le ayuda a llegar a ser nueva en la manera de ver a la vida. La nueva persona recibe un nuevo conjunto de convicciones personales.

Convicciones *versus* obsesiones

Cuando una persona nace de nuevo es una paradoja viva. Ha recibido a Cristo como su Amo, lo que implica que es un esclavo de Cristo. Sin embargo, es más libre que nunca en su vida. Tiene seguridad y una fe liberadora.

Por lo general se piensa que una obsesión es algo que le causa a la persona dificultades mentales o emocionales. El consejo más fácil de dar es este: Líbrate de tus manías. Pero hay buenas obsesiones, así como malas obsesiones. Cuando la gente tiene convicciones y van en contra de ellas, sufren aflicción mental y emocional Así que, de cierta manera, las convicciones se podrían considerar como obsesiones. Las obsesiones buenas nos sostienen y elevan sobre mucho del mal de la vida. Las malas obsesiones nos impiden vivir libre y gozosamente. Así que, en pastilla, necesitamos librarnos de las malas obsesiones, y guardar las buenas.

Las malas obsesiones son las inhibiciones y sentimientos de culpa que resultan de nuestra crianza y cultura. Nos impiden vivir la vida a plenitud. Muchos creyentes y otros necesitan librarse de las malas obsesiones. Nada liberta más rápido y mejor a una persona de las malas obsesiones que un estudio de la Palabra de Dios.

La culpa falsa es algo creado por el hombre pero sin respaldo de Dios. Cuando la persona nace de nuevo, liga sus convicciones al Dios de la Biblia, no a los cambiantes puntos de vista de los meros seres humanos. Cada generación tiene a algunos que piensan que han descubierto nuevas maneras de comportarse, cuando lo que en realidad están haciendo es repetir y abogar por lo que otras generaciones anteriores ya practicaban. Como si fueran dioses, estas personas con frecuencia hablan en contra de Dios, de la iglesia, de la moralidad tradicional y de los Diez Mandamientos. Su condenación categórica de las verdades bíblicas puede sonarle sabia a algunos, pero para los que estudian la Biblia, la historia y la naturaleza humana, esos mesías morales auto nombrados solo están engañándose a sí mismos. En la Biblia los creyentes hallan el sistema divino de valores para la humanidad. Eso es lo mejor para la humanidad.

Usted esperaría leer lo que acaba de leer, brotando de la pluma de alguien que ha experimentado el nuevo nacimiento, ¿no es así? Pero el Dr. Donald T. Campbell, quien fuera presidente de la Asociación Psicológica Estadounidense, bromeaba con sus colegas psicólogos por ponerse de lado de la gratificación propia por sobre el dominio propio, y por considerar la culpa como un síntoma de neurosis. Destacó que los psiquiatras y psicólogos han dado por sentado que los impulsos humanos provistos por la evolución biológica son correctos y que las tradiciones morales represivas o inhibitorias no lo son. Luego dijo que a su juicio la presuposición que usted acaba de leer está errada *científicamente*.

Las buenas obsesiones son inhibiciones que encajan en las direcciones para la vida buena que hallamos en la Palabra de Dios. A la persona sin inhibiciones le falta las normas morales de la Biblia, y niega la responsabilidad de ser una persona creada a imagen de Dios. La persona con buenas obsesiones tiene un sistema de valores que se basa en las normas de Dios. Sus obsesiones lo elevan y le ayudan a vivir constructivamente. Según las normas de la sociedad lo bueno y lo malo cambian con el tiempo. Pero según las normas de Dios el bien y el mal se levantan en agudo contraste. El creyente es una persona que tiene convicciones basadas en la Biblia.

Negación de uno mismo *versus* indulgencia

Jesús dijo: "Si alguien quiere ser mi discípulo, que se niegue a sí mismo, lleve su cruz cada día y me siga. Porque el que quiera salvar su vida, la perderá; pero el que pierda su vida por mi causa, la salvará" (Lucas 9:23–24). No tenemos espacio para entrar en todo lo que significa esta paradoja, pero podemos indicar la médula de una parte de lo que significa.

Cuando una persona vive solo para sí misma en lugar de para otros, tiende a ser desdichado; y ese egoísmo disminuye su vida. La persona que sacrifica su propia comodidad y conveniencia para vivir por otros, tiende a hallar lo mejor de la vida. Las personas emocionalmente más saludables que conozco son las que viven más allá de sí mismas. Los lisiados emocionales son los que se dan toda indulgencia a sí mismos, pensando solo en sí mismos todo el tiempo, y casi sin moverse fuera de la concha de su propio mundo.

El mundo está lleno de ambas clases de personas: Los que se niegan a sí mismos y los indulgentes consigo mismos; y está más llenos de estos últimos que de los primeros. Pero los que muestran una de las características de haber nacido de nuevo son los que se niegan a sí mismos. Permítame contarle sobre uno de ellos. Se llama Copper. Se hallaba en serios apuros económicos en un momento de mucha adversidad en su vida. Entonces ocurrió algo de lo más asombroso: se ganó un nuevo automóvil Mustang en un sorteo en una tienda de abarrotes local. ¿Qué hubiera hecho usted si hubiera estado en los zapatos de Copper? Pues bien, él vendió el auto, y cuando un joven universitario que no tenía para pagar su colegiatura abrió un sobre que recibió por correo, encontró un cheque por varios cientos de dólares, y una nota que decía: "Alabado sea Dios de quien vienen todos los Mustangs". Sé que todas las deudas de Copper no quedaron pagadas en esa ocasión, pero mi colegiatura sí. Ese es apenas un ejemplo de la magnífica obsesión de los creyentes para negarse a sí mismos y ayudar a otros, sin dejar que nadie más sepa de sus buenas obras.

Cuando las personas se convierten a Jesucristo, en realidad cambian. Sus actitudes cambian, y empiezan a enfocar su vista en otros en lugar de gastar todos sus pensamientos y dinero en sí mismos. Hay otras señales que reflejan algo de la condición espiritual de la persona.

Verdad *versus* falsedad

La Biblia dice: "Y conocerán la verdad, y la verdad los hará libres" (Juan 8:32). Cuando una persona llega a ser una nueva criatura al entregarse a Cristo, también se convierte en persona de integridad. Puede abiertamente decir que no dirá una mentira a sabiendas, porque reconoce la importancia de vivir una vida consistente con la vida de Cristo. "Yo soy el camino, la verdad y la vida —le contestó Jesús—. Nadie llega al Padre sino por mí" (Juan 14:6). La persona que dice la verdad está libre de la preocupación hostigadora de tapar mentiras pasadas. Las falsedades esclavizan al mentiroso. Una vez que una persona dice una mentira que se descubre que es mentira, deja a otros sin certeza de si alguna vez podrá decir la verdad. Mentir crea ansiedad, desperdicia energía, y mata las relaciones entre personas. La verdad hace exactamente lo opuesto.

Efesios 4:15 nos dice que debemos hablar la verdad en amor. Algunos se enorgullecen de ser francos, y son brutalmente francos. Son francos, pero sin tacto. La clase de verdad que expresa la mente de Cristo es la verdad que se habla en un espíritu de amor.

Hay muchas otras actitudes contrastantes que reflejan las diferencias en los que son seguidores dedicados de Cristo y los que no lo son: orgullosos *versus* humildes, perdonadores *versus* no perdonadores, misericordiosos *versus* inmisericordes, y así por el estilo. Pero hay una actitud fundamental que caracteriza al creyente dedicado y que muestra que es una nueva persona.

Amor

El amor puede ser lo opuesto del odio; pero, como otros han observado, con más frecuencia es lo opuesto a la indiferencia. El comportamiento del amor se pinta completa y hermosamente en 1 Corintios 13. Cuando una persona ama con la clase de amor que se describe en 1 Corintios 13, muestra que ha nacido de nuevo. La médula del capítulo dice: "El amor es paciente, es bondadoso. El amor no es envidioso ni jactancioso ni orgulloso. No se comporta con rudeza, no es egoísta, no se enoja fácilmente, no guarda rencor. El amor no se deleita en la maldad sino que se regocija con la verdad. Todo lo disculpa, todo lo cree, todo lo espera, todo lo soporta" (1 Corintios 13:4–7).

Al pensar en las actitudes, usted acaba de leer apenas unas pocas características de la mente renovada. Cuando una persona se convierte a Cristo es como un bebé recién nacido: Es una nueva criatura, pero no está crecido por completo. Tiene que cultivar las actitudes que Dios quiere que tenga. Después de madurar puede retroceder al comportamiento espiritual infantil. Sin embargo, es una nueva criatura que tiene el potencial de renovar su mente para que se ajuste al modelo de la mente de Cristo. El cambio de mente es una consecuencia lógica de nacer de nuevo, pero el cambio no es automático y permanente en lo que tiene que ver con actitudes. Por eso Pablo escribió Romanos 12:2, que consta al principio de este capítulo. Ahora, lea el mismo versículo en otra traducción, al concluir este capítulo:

"No vivan ya según los criterios del tiempo presente; al contrario, cambien su manera de pensar para que así cambie su manera de vivir y lleguen a conocer la voluntad de Dios, es decir, lo que es bueno, lo que le es grato, lo que es perfecto" (Romanos 12:2, Versión Popular).

6. Una nueva mirada a la vida

Así como el escritor tiene derecho a esperar que no se juzgue su novela por una sola página, así la persona tiene derecho a esperar que su vida no se juzgue por una página: un día, una obra, o una temporada; sino por su totalidad.

¿Pueden las personas en realidad cambiar? ¿Pueden en realidad tener una experiencia que les dará una perspectiva fresca de la vida? ¿Pueden en realidad convertirse en nuevas personas? ¡La respuesta es que sí! He tratado de ilustrar esa verdad en los capítulos previos. La gente puede llegar a tener nuevas creencias, actitudes, conducta y relaciones personales. Hasta aquí nos hemos concentrado mayormente en los cambios que ocurren en la persona interior. Este capítulo no dejará esos énfasis, sino que basándose en ellos pasará a mostrar la nueva mirada a la vida que caracteriza a los creyentes. Ese capítulo explicará lo que quiere decir nacer de nuevo respecto a las relaciones personales, y cómo se pone en práctica la experiencia del nuevo nacimiento.

Cuando la persona nace de nuevo llega a ser una nueva criatura; pero sigue siendo un ser humano. A veces tal vez no piense, ni actúe, ni hable como creyente. Pero, si miramos a la totalidad de la vida cristiana y dejamos de criticar por una o más páginas, podemos decir que es un creyente. ¿Cómo? Podemos ver cómo invierte su tiempo, su dinero y su energía. Podemos mirar su vida contra el espejo de la Biblia. Podemos mirar en este capítulo algunas evidencias específicas que por lo general indican si la persona es creyente.

Nuevas relaciones

Llevarse bien con la gente es una habilidad que todo mundo necesita desarrollar, pero que debería resultar más fácil para los creyentes que para los que no lo son. No quiero decir que los creyentes jamás tendrán conflictos; a veces los tendrán simplemente porque son creyentes, como Cristo los tuvo. Pero cuando la persona tiene en sí el Espíritu de Cristo, tiene una nueva visión de lo que pueden ser esas relaciones personales. No solo ve a las personas por lo que son, sino que los ve por lo que pueden llegar a ser.

Jimmy Carter dijo: "Tenemos la tendencia a exaltarnos nosotros mismos y atascarnos en las debilidades y errores de los demás. He llegado a darme cuenta de que en cada persona hay algo fino, puro y noble, junto con un deseo de realización propia. Los líderes religiosos y políticos deben intentar proveer una sociedad en la cual se pueden cultivar y mejorar estos atributos humanos".[1]

El apóstol Pablo dijo algo parecido en la Biblia. "Por la gracia que se me ha dado, les digo a todos ustedes: Nadie tenga un concepto de sí más alto que el que debe tener, sino más bien piense de sí mismo con moderación, según la medida de fe que Dios le haya dado. Pues así como cada uno de nosotros tiene un solo cuerpo con muchos miembros, y no todos estos miembros desempeñan la misma función, también nosotros, siendo muchos, formamos un solo cuerpo en Cristo, y cada miembro está unido a todos los demás. Tenemos dones diferentes, según la gracia que se nos ha dado… El amor debe ser sincero. Aborrezcan el mal; aférrense al bien, ámense los unos a los otros con amor fraternal, respetándose y honrándose mutuamente" (Romanos 12:3–6, 9–10).

Cuando una persona nace espiritualmente, cambia su relación con Dios, y también cambia su relación con otras personas. Las nuevas relaciones tal vez no sean tan obvias para el nuevo creyente como para los demás. Oí de una mujer que era irritable y tenía problemas para llevarse bien con la gente. Finalmente, un médico le recetó unos tranquilizantes y le dijo que volviera en unos cuantos días para examinarla de nuevo. Cuando la mujer volvió, el médico le preguntó si había notado alguna diferencia en sí misma después de tomar los remedios recetados. La mujer dijo: "No; no he podido notar ninguna diferencia en mí misma; pero otras personas me aseguran que he empezado a portarme mucho mejor". A veces esa es la manera es la vida del que tiene una nueva relación con Dios y una nueva relación con su prójimo.

¿Qué tal en cuanto a los que aducen ser creyentes y sin embargo tienen problemas para llevarse bien con otros? Seguimos siendo humanos, ¿no es así? El apóstol Pablo, con quien no era fácil llevarse, escribió: "Les ruego que vivan de una manera digna del llamamiento que han recibido, …pacientes, tolerantes unos con otros en amor. Esfuércense por mantener la unidad del Espíritu mediante el vínculo de la paz" (Efesios 4:1–3). "Tolerantes unos con otros en amor" quiere decir precisamente eso. Las personalidades y las circunstancias pueden todavía ser fuentes de conflicto para los creyentes, pero los creyentes deben seguir amándose unos a otros, aun cuando no siempre estén de acuerdo en todo detalle.

La mayor parte de los problemas en las relaciones personales de los creyentes parecen brotar de una comunicación deficiente o malos entendidos de las circunstancias. Una manera popular de decirlo que refleja el problema que tiene la gente al comunicarse, dice: *Sé que crees que comprendes lo que piensas que dije, pero no estoy seguro de si te das cuenta de que lo que oíste no fue lo que quise decir.* Los creyentes maduros les conceden a otros el beneficio de la duda cuando las palabras no logran comunicar. En lo que tiene que ver con las circunstancias, los creyentes maduros aprenden a tener una actitud de ser sensibles a las heridas escondidas de los demás. Nunca sabremos lo que la gente ha atravesado a menos que hayamos podido estar a su lado todo el camino.

> *Cuando te encuentres con alguien con el ceño fruncido,*
> *tal vez esté trepando una cuesta*
> *mientras tú estás bajando.*
> *Cuando te encuentres con alguien*
> *que tiene el ceño fruncido,*
> *tal vez se halle en una tempestad*
> *mientras tú te hallas en un momento*
> *en calma en tu vida.*

¡Qué poco sabemos de lo que hace que las personas sean lo que son! Pero podemos amarlas. El amor debe caracterizar al creyente conforme se relaciona con otros creyentes y con los que no lo son.

Nueva conducta

Coordinar lo que se cree con la conducta es una gran tarea. Nacer de nuevo no es una teoría que necesita demostración; es una experiencia que necesita que se la ponga en práctica en la vida diaria. La teología (las creencias religiosas) deben servir como cimiento de la ética y la moral (conducta). Aun cuando la Biblia no describe al detalle cómo se supone que un creyente debe vivir, sí nos da algunos principios para guiar al creyente en toda la vida.

Pero hay problemas para coordinar las creencias con la conducta, y son más que simplemente el problema de ser humanos. Las personas pueden creer las mismas verdades bíblicas pero interpretar su aplicación de maneras diferentes. Lo importante es que el nuevo nacimiento hace que la persona se mire a sí misma en el espejo de la voluntad de Dios, según se revela en la Biblia. El creyente debe seguir mirando en ese espejo todos los días de su vida.

Una persona escribió: "Si los espejos sirvieran solo para mostrarnos imágenes de las cosas *exactamente como son*, se los usaría muy de vez en cuando. ¿Quién necesita un mero reflejo cuando el mundo puede observarse directamente? Pero los espejos revelan más que la simple realidad. Estimulan nuestra imaginación. Nos dan perspectivas frescas. Revelan, no solo lo real, sino también lo posible. Nos hacen mirar las cosas y a nosotros mismos con más detenimiento; más críticamente. Al cambiar nuestros puntos de vista, nos ayudan a cambiar nuestros intereses, nuestro parecer, e incluso nuestras vidas".[2]

Un espejo nos permite ver lo que somos, pero también nos permite ver lo que podemos llegar a ser. La Biblia dice: "No se contenten solo con escuchar la palabra, pues así se engañan ustedes mismos. Llévenla a la práctica. El que escucha la palabra pero no la pone

en práctica es como el que se mira ...
jo y, después de mirarse, se va y se ...
cómo es. Pero quien se fija atent...
fecta que da libertad, y persever...
lo que ha oído sino haciéndolo, ...
practicarla" (Santiago 1:22–25).

El apóstol Pablo escribió: "Ahora vemos de manera indirecta y velada, como en un espejo; pero entonces veremos cara a cara. Ahora conozco de manera imperfecta, pero entonces conoceré tal y como soy conocido" (1 Corintios 13:12).

Estos pasajes bíblicos se combinan para decir que las creencias del creyente deben mostrarse en la manera en que vive. Los pasajes piden que se tomen una nueva mirada a la vida regularmente. Es fácil para los creyentes volverse rancios y entonces dejar de crecer como debieran.

En *¿Por qué no lo mejor?* Jimmy Carter admitió: "Unos años atrás estaba sentado en la iglesia en Plains pensando en el título del sermón de la mañana. No recuerdo nada de lo que el pastor dijo esa mañana, pero nunca olvidaré el título del sermón: "Si te arrestaran por ser creyente, ¿habría suficiente evidencia como para que te declararan culpable?

"Yo era miembro de la iglesia más grande y prestigiosa de la ciudad, maestro de Escuela Dominical, y diácono, y profesaba preocuparme diligentemente por mis deberes religiosos. Pero cuando se me hizo esa pregunta, finalmente decidí que si me detenían y me

e ser un seguidor consagrado de Dios, ¡pro-
nte lograría presentar suficientes excusas! Fue
isamiento muy aleccionador".[3]

Jimmy Carter se miró en el espejo y eso lo condujo
hacer algunos cambios en su vida. Esa es la médula
del proceso de crecimiento de todo creyente recién
nacido.

Hallando una iglesia genuinamente cristiana

A propósito he evitado hablar de llegar a ser miembro de alguna iglesia local, porque es muy fácil con-
fundir el hecho de hacer que el nombre de uno
conste en alguna lista de alguna iglesia, con la experiencia de nacer de nuevo. Si la persona logra que se
incluya su nombre en la lista de alguna iglesia, y no
ha tenido la experiencia de haber nacido de nuevo, es
un creyente falsificado. Pero si la persona nace de
nuevo y no se identifica con una iglesia local genuinamente cristiana, entonces es desobediente a su
compromiso con Cristo.

Hay personas que dicen que se puede ser tan buen
cristiano en casa o en el lago, como se puede serlo en
la iglesia. No voy a discutirlo, pero sí quiero destacar la
importancia de la iglesia local, e indicar mi propia
interpretación a la luz de esa importancia. Pablo dijo:
"Tengan cuidado de sí mismos y de todo el rebaño
sobre el cual el Espíritu Santo los ha puesto como
obispos para pastorear la iglesia de Dios, que él

adquirió con su propia sangre" (Hechos 20:28). El escritor de la Epístola a los Hebreos escribió: "Mantengamos firme la esperanza que profesamos, porque fiel es el que hizo la promesa. Preocupémonos los unos por los otros, a fin de estimularnos al amor y a las buenas obras. No dejemos de congregarnos, como acostumbran hacerlo algunos, sino animémonos unos a otros, y con mayor razón ahora que vemos que aquel día se acerca" (Hebreos 10:23-25).

Cristo consideró que la iglesia era importante lo suficiente como para morir por ella. Cristo es la Cabeza de la iglesia. Las iglesias individuales pueden ser débiles e indiferentes, o fuertes y dinámicas, pero no podemos darnos el lujo de condenar a la iglesia de la que Dios nos ha llamado a formar parte.

Además, la iglesia nos provee del compañerismo que nos ayuda a ser fieles a nuestras creencias, a tener un espíritu de amor, y a unirnos con otros para hacer buenas obras. Los creyentes aislados pueden fácilmente descarriarse tanto en creencias como en comportamiento. Si ponen sus vidas en el contexto de una comunidad genuinamente cristiana y bíblica, tendrán un caja de resonancia para sus creencias y conducta. Siguen siendo responsables como individuos por lo que creen y hacen, pero pueden hallar cómo otros interpretan la Biblia y aplican esas verdades a la vida diaria. Así que parece ser muy importante que el creyente busque una iglesia genuinamente cristiana y bíblica, y se identifique con esa iglesia local y su misión.

Mirando a la vida como encargo

La vida es un encargo de Dios. Hace unos años hice algo que siempre quería hacer pero que nunca pude terminar: Leí la Biblia de tapa a tapa. La lectura me llevó más de un año. Al reflexionar en lo que leí, me di cuenta intensamente de mi necesidad de depender de Dios y de darme cuenta de que mi vida, mis posesiones, y todo lo que tengo, son un encargo de Dios.

En la Biblia leo de personas que vivieron por años como si Dios no existiera. Vivieron la vida como se les antojaba. Pecaron, y ningún rayo los fulminó en ningún momento. Pero había un ciclo de rebelión contra Dios, ruina, arrepentimiento y otro de volverse a Dios. La gente en la Biblia a la larga pagó por su rebelión, pero siempre llegaba el momento cuando necesitaban a Dios. Ese profundo pensamiento se quedó en mí mientras leía de las personas que se alejaban de las normas de Dios, y parecía que decían: "Ya ves; ningún rayo me fulminó. Todo está bien". La vida es un encargo de Dios, y él nos considera responsables por ese encargo. (Lea de nuevo Mateo 25:14–30.)

Con un ruego y súplica Dios dijo: "¿Acaso una joven se olvida de sus joyas, o una novia de su atavío? ¡Pues hace muchísimo tiempo que mi pueblo se olvidó de mí!" (Jeremías 2:32). Aun cuando la salvación es un don, una dádiva de Dios, el recibir ese obsequio es una entrega voluntaria a Cristo y su forma de vida. Cristo vivió la vida como un encargo de Dios, y así es como debemos vivir.

Cuando una persona nace de nuevo, eso se muestra en la manera en que gasta su tiempo, su dinero, su energía y toda su vida. Se muestra en el sistema de valores de la persona. Mire la vida de Zaqueo. Recibió alegremente a Jesús, y luego dijo: "Mira, Señor: Ahora mismo voy a dar a los pobres la mitad de mis bienes, y si en algo he defraudado a alguien, le devolveré cuatro veces la cantidad que sea" (Lucas 19:8). Al parecer Zaqueo había vivido para ganar dinero; pero su sistema de valores cambió, y vio cómo usar el dinero como debe usarlo un seguidor de Jesús. Los amigos pueden cambiar. El equilibrio total de la vida puede cambiar. El creyente maduro reconoce que hay un tiempo para todo, y pone a Cristo primero.

Un nuevo vocabulario

El creyente recibe un nuevo vocabulario. Conforme estudia la Biblia y asiste a la iglesia, aprende el significado de palabras que antes para él relativamente no significaban nada. No tiene que aprender lenguaje de vitrales de iglesia, ni tampoco algún lenguaje extraño que no es el de todos los días. Es más, el lenguaje del Nuevo Testamento fue el lenguaje común, que la gente usaba todos los días. Estoy refiriéndome más bien a un nuevo énfasis, más que propiamente a un nuevo vocabulario. Algunas de las palabras que el nuevo creyente empieza a usar de una manera fresca son: Señor, Salvador, negarse a uno mismo, arrepentimiento, consagración, mayordomía, vida eterna, fe, esperanza, amor.

Hay muchas otras palabras que podríamos añadir a esa lista. Al mismo tiempo, hay muchas otras palabras que el creyente empieza a borrar de su vocabulario; son palabras que no son propias para que las use el creyente, digan lo que digan otros.

Clarence L. Barnhart dijo: "El vocabulario es un índice de la civilización, y el nuestro está terriblemente perturbado". Granville Hicks escribió: "El lenguaje refleja la mente de los hombres, y hoy hay muchas mentes trastornadas en el mundo". En un diccionario de sinónimos encontré que la palabra intoxicado tiene más sinónimos que cualquiera de las otras palabras que incluye. Uno de los editores me dijo que ese hecho es un reflejo de nuestra sociedad. Nuestra habla de todos los días, lo que leemos y oímos, está corrupta con palabras que la gente no usaba en la sociedad cortés hace pocos años. Yo sería el último en juzgar lo que una persona debe decir o no decir, y qué palabras debe usar. Pero sí sé que cuando la persona nace de nuevo, esa experiencia afecta la manera en que habla y las palabras que escoge usar. Pablo escribió: "Ustedes las practicaron en otro tiempo, cuando vivían en ellas. Pero ahora abandonen también todo esto: enojo, ira, malicia, calumnia y lenguaje obsceno" (Colosenses 3:7–8).

Una nueva mirada al hogar

Los hogares de los creyentes no son perfectos, y algunas veces los creyentes se divorcian. Pero los hogares de mayor éxito que conozco son familias de creyentes. Abiertamente vemos que hay un divorcio por cada tres parejas que se casan, y privadamente debe haber mucho más divorcio emocional en los hogares de lo que jamás se verá en los tribunales de divorcio. Convertirse a Cristo no es una panacea para todos los problemas del hogar, pero el hecho de llegar a ser creyente en Cristo afecta el hogar y las perspectivas de los que lo forman.

Según la Biblia, la idea de Dios para los que se casan es que vivan la vida juntos y no se separen. Aun cuando no deben excluir a otros de la amistad, deben comprometerse el uno al otro con un amor que excluye toda relación sexual con cualquier otra persona. Esta es la idea de Dios que no cambia debido a las improvisaciones humanas.

Idealmente, el matrimonio y el amor en ese matrimonio deben ir creciendo continuamente. Pero muchas cosas pueden salir mal. En las ceremonias de bodas la novia y el novio intercambian votos entregándose el uno al otro hasta que la muerte los separe. Sin embargo, las actitudes y sentimientos dentro del matrimonio pueden agriarse. Con el tiempo las irritaciones pueden agotar la paciencia de personas sensibles que unieron sus vidas en el matrimonio. Pero cuando el matrimonio empieza a perder su vitalidad y se agria, el compromiso a Dios puede mantenerlo unido hasta que se mejore o nazca de nuevo. Los creyentes que permanecen cerca de Cristo tienden a tener mejores relaciones con sus cónyuges.

Cuando los hijos crecen en un hogar en donde hay consagración a Dios de parte de ambos padres, y un obvio compromiso y amor entre los padres, los hijos por lo general tienen el ambiente más saludable posible.

El mismo Dios que promete vida más allá de la muerte puede realizar milagros en las relaciones internas del hogar. Su presencia añade una nueva dimensión al matrimonio.

Hay mucho más que decir en cuanto a llegar a ser creyente y su efecto sobre el hogar, pero tal vez estas pocas palabras harán que usted, o alguien, sepa que el matrimonio puede durar; y puede ser la clase de matrimonio que va creciendo continuamente en lugar de vivir meramente aguantando.

Lidiando con las circunstancias

La vida cristiana es la vida mejor del mundo. Lo creo, y también lo creen millones de otras personas. Sin embargo, la vida cristiana no es una vida fácil; está llena de tentaciones, problemas y circunstancias inexplicables. El creyente no tiene todas las respuestas a lo que ocurre en la vida.

Podríamos mirar muchos ejemplos para ilustrar a lo que me refiero, pero trataré de condensar el punto: Convertirse a Cristo no elimina todos sus problemas.

El cáncer ataca a personas de toda edad. Esta es una de las cosas más difíciles de entender. Si la persona fuma, se emborracha, y abusa de su cuerpo, se explica que se enferme de cáncer o alguna otra enfermedad. Pero personalmente he conocido a un buen número de creyentes dedicados que han muerto de cáncer; y muchos de ellos han sido personas jóvenes, que han cuidado adecuadamente de su cuerpo y han vivido de la mejor manera posible. Por cinco años vi a una joven madre de tres hijos irse acabando, hasta que se murió sin haber llegado a cumplir los treinta años. ¿Por qué? No lo sé. Un joven ministro amigo mío murió de cáncer en lo mejor de su carrera. ¿Por qué? No lo sé.

Hay accidentes, asesinatos, divorcios, alcoholismo y muchas otras cosas que ocurren para las cuales no tengo ninguna respuesta. Pero cuando la vida y la muerte han hecho lo peor que pueden hacer, el creyente resiste, persevera y no se deja vencer. El creyente tiene esta promesa: "Ahora bien, sabemos que Dios dispone todas las cosas para el bien de quienes lo aman, los que han sido llamados de acuerdo con su propósito... a ser transformados según la imagen de su Hijo" (Romanos 8:28–29).

La oración de los Alcohólicos Anónimos dice: "Oh Dios: Danos la serenidad para aceptar lo que no se puede cambiar, el valor para cambiar lo que se debe cambiar, y la sabiduría para distinguir lo uno de lo otro" (Alguien atribuye a Reinhold Neibuhr esta oración). El creyente no es fatalista; cree que las circunstancias pueden cambiar. Pero cuando las circunstancias no cambian, no por eso deja de creer en Dios. Reconoce que la mente del hombre no es coteja para la mente de Dios. La mente humana es finita y limitada; la mente de Dios es infinita e ilimitada.

¿Qué puede hacer una persona frente a las circunstancias de la vida? Puede hacer todo lo que puede, y puede orar. Muchas personas sienten que todo lo que les ocurre en la vida es la voluntad de Dios. Tal noción reduce a la oración a una expresión de resignación porque las cosas no pueden cambiar. Si lo que será, será, de nada sirve orar pidiendo algo. Pero la Biblia enseña que la oración puede producir cambios. ¿Debemos tratar de imponerle a Dios nuestra voluntad mediante la oración? No. Pero sí debemos abierta y persistentemente decirle a Dios lo que pensamos que necesitamos. En la voluntad de Dios la oración es el eslabón que produce cambios. Dios tiene para nosotros algunas bendiciones que no recibiremos a menos que oremos pidiéndolas.

Toda petición que se eleva en oración es un clamor por un milagro. Si creemos en algo de lo que estamos pidiendo, creemos que Dios puede actuar, y lo hará, dentro de su creación, y hará milagros. Así que nuestras peticiones en oración en realidad incluyen cierto grado de fe por lo que consideramos ser milagros, sean pequeños o grandes. Pero Dios puede realizar un milagro tan fácilmente como puede hacer otro. Para mí, el problema es que no puedo ejercer fe tan fácilmente al orar por una enfermedad "incurable" como por una enfermedad curable. Así que estoy en la posición del que oró: "¡Sí creo!… ¡Ayúdame en mi poca fe!" (Marcos 9:24).

Creo en la oración, y, consecuentemente, creo en milagros. Cuando Dios contesta la oración de la manera en que yo quiero, le agradezco. Cuando no, reconozco que soy humano y Dios es Dios. Para mí, la oración es un misterio; pero es un misterio maravilloso. Para los que han nacido de nuevo es una forma de vida, y para súperar las circunstancias de la vida que nos aplastarían si no confiáramos en Dios.

Toda persona que realmente vive tiene que enfrentarse a lo complejo de la vida. En un poema conmovedor e inquietante titulado "Sencillez" Jane Ann Webb concluyó:

> *Y no trates de decirme que cuando*
> *al final me encuentre con Dios, y diga:*
> *"¡Dios, finalmente! Dime cómo,*
> *y por qué, y de qué se trataba todo esto".*
> *No trates de decirme que su respuesta será:*
> *"Pues bien, verás,*
> *en realidad es muy sencillo…".[4]*

La vida no es sencilla. Pero Dios da sentido a la vida. Cuando la vida no tiene sentido, el creyente confía en que Dios no cometerá ningún error, y que sabe las respuestas a todos los porqués de la vida. ¡El creyente tiene alguien en quien confiar! Ese Alguien es digno de confianza. Los que han nacido de nuevo saben que han nacido como triunfadores. Dios los tomará en la derrota de la vida, o en el trauma de la muerte, y los ayudará a ver más allá de lo temporal. Para el creyente la escena final que dura para siempre es la escena de victoria; victoria sobre las circunstancias de la vida y sobre la tumba y la muerte. La victoria es la médula de lo que quiere decir nacer de nuevo. La victoria del creyente está ligada a la victoria de Jesucristo, quien al morir en la cruz derrotó al pecado, y resucitó al tercer día para vivir para siempre.

Las casualidades de la vida cristiana

Seguir a Cristo conduce a coincidencias. ¿Es usted sensible a las coincidencias? La mejor manera de comprender lo que quiero decir por coincidencias es ver algunos ejemplos. Así que, veamos algunos.

Cristóbal Colón zarpó para atravesar el Atlántico, para llegar al Asia, pero fracasó. Sin embargo, en su intento por llegar a Asia, Colón encontró algo distinto; llegó a América. América fue una casualidad para Colón.

Louis Pasteur estaba buscando una manera de impedir que el vino se agrie cuando descubrió la casualidad de la pasteurización, que salva tantas vidas. Wilhelm Roentgen estaba tratando de mejorar la fotografía y eso lo llevó al sendero casual para descubrir los Rayos X.

Edward Jenner tuvo una vez una enamorada que le dijo que no podía enfermarse de viruela porque ya las había tenido cuando era niña. Años más tarde Jenner recordó esa breve conversación campesina cuando amenazaba desatarse una epidemia de viruela. Así desarrolló la vacuna contra la viruela.

Un hombre llamado Minot empezó a quedarse sin dinero para darles de comer a algunos perros en los cuales estaba haciendo algunos experimentos. Así que les dio de comer hígado, que era la carne más barata que se podía conseguir en esos días. Minot descubrió que el hígado estaba afectando de alguna manera la sangre de los perros. Hoy tenemos inyecciones de hígado para la anemia, gracias a la sensibilidad de Minot para las casualidades.

¿Sacarina? Un químico se olvidó lavarse las manos antes de comerse su sándwich de carne, y todo le sabía dulce. Regresó a su laboratorio y descubrió la casualidad más dulce de la historia: la sacarina.

Usted acaba de leer unos pocos de los incontables ejemplos de casualidades. Hay libros que se dedican a relatar extensamente estos y otros ejemplos de casualidades y coincidencias. Pero pienso que usted ya capta la idea. Una casualidad es hallar algo maravilloso mientras se está buscando alguna otra cosa. Como ve, las casualidades son eventos *felices* fortuitos en la vida. Por lo general les vienen a las personas que están buscando algo, y son sensibles a muchas otras cosas.

Lo extraño del creyente es que está dispuesto a dejarlo todo para seguir a Cristo, y mientras va siguiendo a Cristo, siempre recibe más de lo que da.

Los resultados colaterales de la vida cristiana son las casualidades que enriquecen la vida. Aun cuando Jesús no usó este término, parece que captó el espíritu de la casualidad en este sentido cuando dijo: "Más bien, busquen primeramente el reino de Dios y su justicia, y todas estas cosas les serán añadidas" (Mateo 6:33).

El nuevo nacimiento en realidad provee de un nuevo vistazo a la vida. Usted tiene que experimentar el nuevo nacimiento para poder tener la nueva noción por completo. Cuando usted en efecto experimenta el nuevo nacimiento, concordará que son buenas noticias. Eso nos lleva a lo que he estado reservando para este momento.

Buenas noticias para compartir

El creyente ha recibido buenas noticias al nacer de nuevo, y es el gozo y tarea del creyente hablarle a toda persona de esas buenas noticias (Mateo 28:18-20; Romanos 1:16–17). Toda persona necesita conocer personalmente a Cristo como Señor y Salvador. Necesita estas buenas noticias. Las buenas noticias son para proclamarlas, no para guardarlas en secreto.

En el lenguaje de la comunidad de creyentes, el creyente debe ser un testigo. Ha tenido una experiencia, y debe contarla a otros; no discutir sobre ella. Muchos de los primeros creyentes que proclamaron a Cristo fueron mártires. Nosotros pensamos de un mártir como alguien que ha sido perseguido por su fe, y en cierto sentido eso es acertado. Pero la palabra *mártir* procede del vocablo griego *martus,* que quiere decir testigo. Los creyentes proclaman las buenas noticias como testigos. Las buenas noticias exigían que uno se aleje de la vida egoísta y de la rebelión contra Dios, y pase a la vida altruista y de consagración a Dios. Los que no querían recibir las buenas noticias se sentían condenados y acosados por su mensaje. Por eso perseguían a los testigos. Así que no pasó mucho tiempo para que testigos y mártires fueran prácticamente términos sinónimos.

Hoy, en algunas partes del mundo todavía se persigue a los creyentes por su testimonio. Pero la mayoría de nosotros no sufrimos nada más serio que unas pocas cejas que se levantan, o egos magullados cuando la gente reacciona negativamente a las buenas noticias. Sin embargo, somos responsables por contar nuestra experiencia de haber nacido de nuevo. Una de las mayores alegrías de la vida es proclamar las buenas noticias, ver que las reciben, y ver que otra persona nace de nuevo.

La gran novela cristiana

Su vida tal vez no sea ninguna gran novela cristiana. Sus relaciones personales y su conducta tal vez no siempre hayan sido lo que deberían ser. Su mayordomía de la vida puede tener brechas y vacíos. Su lenguaje a veces tal vez refleje su vocabulario antes de conocer a Cristo. Usted puede echarlo todo a perder en casa y al lidiar con sus circunstancias. Puede tener problemas para identificar las casualidades que se suponen que deben asomarse en su vida, y en el testimonio que debe caracterizarla.

Si usted ha recibido a Cristo como su Señor y Salvador, esa página de su experiencia es más importante que todas las demás páginas juntas. Lo más probable es que las demás páginas después de esa experiencia también se verán bien. Pero, sea como sea, Dios es el autor y consumador de su fe, y Él escribirá el capítulo final. Ese último capítulo será un capítulo de victoria. Nacer de nuevo provee de una nueva mirada a la vida.

7. Una pregunta para usted

Cuando las arenas del tiempo se acaben en tu vida,
no puedes quitarle la tapa al reloj de arena y echarle más.

La pregunta final es esta: ¿Ha nacido usted de nuevo? Este libro tiene el propósito de explicar primordialmente la perspectiva del autor sobre lo que quiere decir nacer de nuevo. Sin embargo, el libro no puede evitar ser personal, y este capítulo es especialmente personal. Ya le he contado lo que comprendo y mi experiencia de lo que quiere decir nacer de nuevo. Pero no puedo menos que preguntarme si usted, amable lector, ha recibido y respondido a las buenas noticias de que Dios envió a Su Hijo para que proveyera vida nueva para toda persona. Esas buenas noticias son más que un hecho; son una oferta que espera una respuesta.

No se puede obligar a la fuerza a nadie a que se convierta a Cristo; uno puede invitarle con genuino amor a que se convierta a Cristo, mostrándole la misma preocupación que Dios mostró cuando dio a Su Hijo, y con la misma preocupación tratar de explicárselo, y luego dejar la decisión con la persona que ha nacido una vez. Tal vez algunos sienten miedo de convertirse a Cristo. Este capítulo presenta una pregunta, no una discusión; ofrece preocupación genuina y cariñosa, no una amenaza para producir miedo. Le ofrece algunos factores para que los considere si usted no ha nacido de nuevo, o si no está seguro de haber tenido esa experiencia. Si usted ya es creyente, entonces tal vez estos factores le ayudarán a expresar su preocupación a otros que todavía no han nacido dos veces.

El tiempo es un factor

En una cuña comercial de televisión la arena se acababa en un reloj de arena; entonces alguien le quitaba la tapa y le añadía más arena. Me pareció divertido. También pensé que sería hermoso si pudiéramos añadir más tiempo cuando la vida se vaya acabando; pero no podemos. Llega el momento de morir, y morimos. La toma de decisiones llega a su fin. La persona que no ha nacido de nuevo perdió la oportunidad para siempre. Así que el tiempo es un factor que presenta una limitación desconocida para decidir recibir a Cristo y experimentar el nuevo nacimiento.

Las palabras griegas *cronos* y *kairós* significan tiempo, y arrojan luz sobre los momentos ahora de la vida. *Cronos* significa simplemente el paso de las horas,

del tiempo. La palabras cronología, cronómetro, y cró-
nico se derivan de ese término general. Pero *kairós*
quiere decir temporada, ocasión, y se refiere al tiempo
oportuno, el momento decisivo, el momento ahora.
Kairós es la palabra griega que se usa en "aprovechan-
do al máximo cada momento oportuno" en Efesios
5:16 y Colosenses 4:5. El pensamiento en esos pasajes
bíblicos es aprovechar al máximo el momento, aprove-
chando las oportunidades de la vida.

Los momentos *ahora* de la vida son como fruta
madura esperando que se la recoja. Las elecciones que
hacemos en los momentos críticos de la vida determi-
nan los momentos súper supremos de la vida. El
momento súper supremo de la vida es aquel en que la
persona decide recibir a Cristo como Señor y Salvador.
Lo que usted decide en esa encrucijada de oportunidad
y decisión es cuestión de vida eterna o muerte eterna.
Algunas oportunidades son como equipaje en la correa
transportadora en un aeropuerto. Si uno no logra sacar
su maleta en la primera vuelta, el equipaje volverá otra
vez en otra vuelta de la correa. Pero no todas las oportunidades son así; y la oportunidad de recibir a Cristo
está limitada al lapso de la vida de uno. Si usted no ha
nacido de nuevo, hoy es el momento oportuno.

Mientras más temprano en la vida la persona
aproveche la oportunidad para llegar a ser creyente,
mejor le irá. Puede empezar a cumplir el diseño de
Dios para su vida, y vivir la vida de la mejor manera.
(No sé a qué edad puede una persona llegar a ser

creyente, pero creo que es más una etapa de desarrollo que una edad fija. Cuando la persona se ha rebelado contra Dios y se le ha hecho percatarse de eso y de las buenas noticias, esa persona está en posición de tomar la decisión de nacer de nuevo.) Como regla general, es mucho más fácil que un adolescente llegue a ser creyente que un adulto; pero por lo general el adulto es el que tiene menos tiempo y tiene la necesidad más crucial para nacer de nuevo.

En *The Seasons of Life (Las temporadas de la vida)* Paul Tournier dijo: "Mientras más avanza la temporada, más grande se vuelve la necesidad de escoger. Vivir es escoger. Los que tienen una noción infantil de lo que la llenura provee no quieren perder nada de su herencia humana, ni sacrificar nada, y ceder nada, ni perder nada dedicándose a demasiadas cosas. Nunca logran verdadera viva plena". Luego añade: "Mientras más avanzamos, más vemos el tiempo como un capital que disminuye. Es más, se va acabando a un ritmo cada vez más rápido".[1]

Después de la renuncia de Richard Nixon de la presidencia, un reportero añadió: "Y la vida sigue". Un colega mío, que apenas frisaba los treinta, murió al empezar su día de trabajo, víctima de un síncope cardiaco masivo. Con el palio de la muerte colgando a nuestro alrededor y nosotros tratando de hacer nuestro trabajo ese día, otro colega comentó: "Y la vida sigue". Pero la vida no siempre sigue. Hay un fin a la vida física. El que ha nacido de nuevo va a una vida más plena, pero los que han nacido solo una vez irán a una muerte más profunda, de la cual no hay escape: la muerte espiritual.

A mi modo de ver, dos personas me parecían que no envejecían y que el paso del tiempo eran Jack Benny y Pablo Casals. Jack Benny siempre afirmaba que tenía 39 años; y cuando murió, la crónica decía: "Jack Benny finalmente cumplió los 40 años". Como promedio, la vida dura unos 70 años. Cuando el gran músico Pablo Casals cumplió los 70 años, y luego 80, y después 90, la gente repetidas veces le preguntaba cuándo iba a jubilarse. La respuesta constante de Casals era: "Jubilarse quiere decir morirse". Cuando murió, la crónica mortuoria decía: "A los 96 años, Don Pablo Casals, el más grande músico del siglo, se jubiló". El tiempo es un factor en la vida de todo mundo.

Leí que toda historia de una vida acaba con la muerte. Sin embargo, hay una historia de una vida que terminó en nueva vida, ¡no en muerte! Es la historia de Jesucristo. Nació, vivió, murió, y resucitó de la muerte al tercer día (Mateo 28:5–6). Todos los que hemos experimentado el nuevo nacimiento tenemos la promesa de que la historia de nuestra vida no acabará en la muerte, sino en vida (1 Corintios 15:19–22).

El teólogo Karl Barh escribió: "El mensaje de resurrección nos dice que nuestros enemigos, el pecado, la maldición y la muerte, están vencidos. A la larga no pueden empezar a hacer sus trastadas. Siguen comportándose como si el juego no estuviera decidido, y la batalla no se hubiera librado; debemos todavía lidiar con ellos, pero fundamentalmente debemos dejar de tenerles miedo".[2]

El tiempo es un factor para la toma de decisiones, pero para el que ha nacido de nuevo no es un factor en la calidad o cantidad de la vida. Dios ha resuelto eso por medio de Cristo para los que se entregan a Cristo.

La comprensión es un factor

Una persona puede querer nacer de nuevo pero no comprender cómo nacer de nuevo. Los capítulos 2 y 4 de este libro se enfocan en particular en cómo nacer de nuevo. Sin embargo, hay tantos malos entendidos en cuanto al nuevo nacimiento que necesitamos aclarar lo que hace a un creyente. William B. Small, laico metodista de Iowa, murió, dejando en su testamento la provisión de que el interés que ganaran $74.000 de sus bienes, se debería usar para beneficios de los creyentes. Diez de sus parientes entablaron demanda judicial para anular el testamento, aduciendo que no había manera de determinar lo que era un creyente. ¡Ganaron! Aun cuando muchos pastores y profesores testificaron, el juez Shannon B. Charlton sentenció que en su opinión no se puede definir a un creyente. Este incidente es nada más que una de las evidencias del pensamiento nebuloso que existe en cuanto a lo que quiere decir ser creyente.

En el primer siglo lo que el cristiano creía y su vida eran tan distintos del resto de la gente que se acuñó el término cristiano para identificarlo (Hechos 11:26). Hoy muchas personas llevan el nombre de cristianos sin vivir la vida que los identifica como creyentes. Alejandro Magno increpó a un soldado que también se llamaba Alejandro. La conducta del soldado había sido inaceptable. Se dice que Alejandro Magno le dijo: "O bien cambias de nombre, o cambias de conducta". Lo mismo se podría decir de los que afirman ser cristianos. Parece no haber duda de que podemos definir cómo una persona llegar a ser creyente, y la conducta que caracteriza al cristiano genuino.

¿Qué hace a un creyente? Estas son algunas respuestas razonables pero equivocadas: sinceridad, bondad, comparación con las vidas de otros, y buenas obras. La gente puede ser sincera y estar equivocada. Nadie vive una vida perfecta, así que nadie es bueno lo suficiente como para ser salvo por sus propios méritos (Romanos 3:10, 23). Jesús vivió la única vida con la que vale la pena compararse en lo que tiene que ver con la salvación; Cristo vivió una vida perfecta. Así que, nadie puede llegar a esa altura, si se trata de comparar. La salvación es una dádiva que Dios ha provisto para nosotros, y no podemos ganárnosla; más bien, obramos debido a lo que hemos llegado a ser en el nuevo nacimiento (Efesios 2:8–10).

Convertirse del libre albedrío a la voluntad de Dios al recibir la muerte de Jesús en la cruz por nosotros suena demasiado fácil. Todo mundo sabe que nada se consigue por nada. Nuestra salvación le costó a Dios la muerte de Cristo en la cruz; pero *es gratis para nosotros;* y a este obsequio se le conoce como la gracia de Dios. Usted tiene que recibir la salvación como un obsequio, o de lo contrario no puede tenerla. Al mismo tiempo en que recibimos a Jesús como nuestro Salvador, también le recibimos como Señor de nuestras vidas (Romanos 10:9–10). La salvación y el señorío de Cristo van juntos, no se puede tener lo uno sin lo otro. Pero parte de la misericordia de Dios es que él no cancela nuestra salvación cuando le desobedecemos. Comprender esto es básico para que la persona pueda responder a la pregunta de si ha nacido de nuevo. Ahora, examinemos un poco más hondo cómo una persona puede saber si ha nacido de nuevo.

¿Nacido de nuevo?
Cómo puede saberlo

Tal vez usted recuerde bien el momento de su conversión o segundo nacimiento; o tal vez no lo recuerde muy bien. Hay personas que debatirán lo que usted acaba de leer. Sin embargo, la vida enseña que la vida justa, amar a otros, y creer en las verdades divinas son evidencias de que la persona ha nacido de nuevo. Lea las tres cartas de 1, 2 y 3 de Juan, en donde encontrará desarrollados estos pensamientos. Así como se conoce al árbol por el fruto que lleva, así se conoce al creyente por el fruto que lleva (Mateo 12:33; Gálatas 5:22–23). Una relación continua con Jesucristo es evidencia de que la persona es creyente (Juan 15).

Si hubo algún momento en que usted verdaderamente le entregó su vida a Cristo y se volvió de sus pecados a la voluntad de Dios, la Biblia diría que usted ha llegado a ser un creyente. Si eso nunca ha sucedido, usted necesita nacer de nuevo. La duda en cuanto a su experiencia es innecesaria. Si no tiene la certeza de que ha llegado a ser un creyente, puede tomar esa decisión ahora mismo.

Así como no hay dos copos de nieve iguales, así no hay dos experiencias de conversión que se puedan expresar de la misma manera. Pero usted sí puede experimentar algo similar a lo que Charles Colson experimentó. Esto es lo que Colson escribió: "'Señor Jesús: Creo en ti. Te recibo. Por favor, ven a mi vida. Me entrego a ti.' Con estas palabras, esa mañana, mientras el mar rugía agitado, me llegó una seguridad mental que igualaba lo que sentía en el corazón. Hubo algo más: Fuerza y serenidad, una maravillosa nueva seguridad acerca de la vida, una fresca percepción de mí mismo y del mundo que me rodea. En el proceso sentí que se diluían mis viejos temores, tensiones y animosidades. Veía con vida cosas que nunca había visto antes, como si Dios estuviera llenando el vacío desolado que había conocido por tantos meses, llenándome hasta rebosar con una nueva clase de percepción".[3]

¿Ha nacido usted de nuevo? Usted puede saber la respuesta a esa pregunta. Puede saber y responder acerca de su entrega a Cristo.

El riesgo de la entrega

Hay riesgo en la entrega. Usted puede confesar abiertamente la decisión de su corazón y dejar que otros sepan que usted ha nacido de nuevo. Luego se dará dolorosamente cuenta de que fracasa al tratar de vivir en la práctica todo aquello a que se ha comprometido. He oído que algunas personas dicen que no podían vivir la vida cristiana, pero que si decidían convertirse en creyentes, en realidad "lo vivirían". Esas personas toman el cristianismo en serio, y sus intenciones pueden ser buenas. Pero no captan que jamás podrán vivir una vida perfecta en la tierra, y que jamás llegarán a ser creyentes si esperan hasta ser buenos lo suficiente. Los creyentes son personas que corren el riesgo de la entrega, y les va mejor ahora y para siempre debido a eso.

La gente tal vez le critique, pero, como Teodoro Roosevelt destacó, no es el criticón lo que cuenta. El crédito le pertenece al hombre que se halla en realidad en la arena, y quien, en el peor de los casos, si fracasa, por lo menos fracasó mientras se atrevía a grandes cosas, de modo que su lugar nunca estará con las almas frías y tímidas que jamás conocen ni la victoria ni la derrota.

Los que conocen la historia del fútbol estadounidense nunca podrán olvidar a Roy Riegels. En el Tazón Rosa de 1929, entre California y la Universidad Técnica de Georgia, Georgia perdió la pelota en la línea de las veinte yardas en su propia cancha.

Riegels recuperó el balón para California, y en la confusión corrió en sentido contrario con la pelota hasta que finalmente Benny Lom, uno de sus propios compañeros lo derribó faltando apenas una yarda para su propio gol. Aun cuando la gente se ha reído y lamentado alternadamente por el incidente, por lo menos hay que darle crédito a Riegels por correr el riesgo de entregarse y dar todo de sí, aun cuando corrió en la dirección errada. Esa es la clase de riesgo que Cristo quiere que sus seguidores tomen. Si estamos dispuestos a arriesgarnos a hacer el ridículo por Cristo, lo más probable es que él nos podrá usar y nos mantendrá avanzando hacia la meta correcta de su causa. El temor al fracaso no es razón para evadir el nuevo nacimiento. Usted y yo podemos decir con el apóstol Pablo: "Todo lo puedo en Cristo que me fortalece" (Filipenses 4:13).

Nacer de nuevo va ligado a la pregunta del significado de la existencia. La pregunta nos obliga a considerar toda la vida y a separar la tragedia de lo trivial; a tener un enfoque apropiado a la vida.

Perspectiva: Tragedia *versus* trivialidad

¿No sería iluminador si pudiéramos ver todos los eventos de la vida al mismo tiempo? A lo mejor hallaríamos que lo que parecía ser una tragedia en verdad fue una trivialidad; o, por lo menos, no tan malo como parecía al momento cuando ocurrió. Por otro lado, a lo mejor hallaríamos que lo que parecía ser algo trivial, en realidad fue una tragedia.

¿Tragedia o trivialidad? Usted puede hallarse bajo una montaña de trabajo que le hace sentirse que la vida es solo trabajo y nada de diversión. Tal vez su familia está teniendo problemas, económicos o de otra naturaleza. Tal vez usted esté teniendo problemas personales que simplemente lo agobian. Si usted deja que la vida se vuelva lúgubre cada vez que tiene un problema, toda la vida va a empezar a verse como tragedia. Parte de la respuesta al problema es lograr la perspectiva adecuada. Mire al problema desde el punto de vista de la vida entera. Mire a sus problemas como retos. Con esa perspectiva, muchas de las "tragedias" de la vida puede cobrar una apariencia de trivialidad.

En su sabiduría Dios no nos deja ver toda la vida a la vez. Pero la Palabra de Dios a menudo hace hincapié en el pensamiento de mirar a la vida como un todo. Esto es especialmente cierto en lo que tiene que ver con la salvación. La más grande tragedia de todas sería vivir toda la vida y no haber nacido de nuevo. Contra esa posibilidad la mayoría de todas las otras cosas malas de la vida parecerán triviales. Los creyentes tienen a Cristo que les fortalece y les guía cuando atraviesan otras tragedias reales de la vida. Su fe día tras día los fortalece para las crisis de la vida que a la larga les llegan a todos.

La pregunta sobre su condición espiritual no es una pregunta trivial. La respuesta es algo en realidad entre usted y Dios. Pero la Biblia revela que rechazar a Jesús es la tragedia suprema de la vida.

Leemos que "Vino a lo que era suyo, pero los suyos no lo recibieron" (Juan 1:11). Jesús dijo: "¡Jerusalén, Jerusalén, que matas a los profetas y apedreas a los que se te envían! ¡Cuántas veces quise reunir a tus hijos, como reúne la gallina a sus pollitos debajo de sus alas, pero no quisiste! Pues bien, la casa de ustedes va a quedar abandonada. Y les advierto que ya no volverán a verme hasta que digan: "¡Bendito el que viene en el nombre del Señor!" (Mateo 23:37–39).

La alegría, no la tragedia, es la nota clave de la vida cristiana. Vez tras vez la Biblia habla del gozo que está propuesto para los creyentes. Un ejemplo de este diseño se lo ve en Juan 16:24: "Hasta ahora no han pedido nada en mi nombre. Pidan y recibirán, para que su alegría sea completa". La experiencia del nuevo nacimiento nos ayuda a separar la tragedia y lo trivial, y nos ayuda a tener una alegría que las circunstancias no pueden quitar.

La pregunta contestada

Un amigo con quien trabajaba no era creyente. Quería saber más de la vida cristiana, porque había sufrido mucho en su pasado y su futuro se veía sombrío. Después de que hablamos por un rato, sacudió su cabeza y dijo: "He sido demasiado malo como para poder llegar a ser creyente". Se resistía a creer que la gracia de Dios era suficiente como para salvar a lo peor de la sociedad, tanto como lo mejor de ella, y no podía convencerse. Cuando dejé ese trabajo mi amigo todavía no era creyente. Mi fracaso al no poder explicarle claramente y convencerle de lo que necesitaba creer y hacer para convertirse a Cristo me dejó un nudo en el estómago.

Como un año más tarde yo trabajaba en una librería, y recibí una llamada telefónica un día. Era mi amigo Charles. Me dijo: "Ya me convertí a Cristo, y quiero que sepas que me matriculé en el Instituto Bíblico y estoy estudiando para el ministerio del evangelio". El Espíritu de Dios había hecho su obra; Charles había respondido. Entonces pudo responder a la pregunta y decir: "Sí; he nacido de nuevo. Dios me ha perdonado, y estoy más feliz que nunca en mi vida". Eso es lo que puede ocurrirle a toda persona que recibe a Cristo y su obsequio de vida (Apocalipsis 22:17). ¿Cuál será su respuesta a la pregunta?

Notas

Capítulo 1

1. Paul Tournier, *The Seasons of Life* (Richmond, VA.: John Knox Press, 1967), pp. 9-10).

Capítulo 2

1. Tournier, *op. cit.*, p. 58.
2. Elton Trueblood, *A Place to Stand* (New York: Harper and Row, 1969), p. 97.

Capítulo 3

1. Henry Betteson, ed., *Documents of the Christian Church* (Londres: Oxford University Press, 1943), p. 14.
2. Robert Baker, *A Summary of Christian History* (Nashville: Broadman Press, 1959), pp. 42, 46.
3. Roland Bainton, *Here I Stand* (Nashville: Abingdon Press, 1950), p. 185.
4. Karl Barth, *Church Dogmatics* (Edinburgh: T. & T. Clark, 1957), Volumen 2, Número 2, p. 647.

Capítulo 4

1. Charles Colson, *Born Again* (Old Tappan, NJ.: Chosen Books, 1976), p. vii. Distribuido por Fleming H. Revell Company. (*Nacido de Nuevo*, publicado por Editorial Caribe).
2. Harry Rimmer, *Flying Worms* (Borne, IN.: Berne Witness Press, 1948), pp. 33-34. (*Gusanos Voladores*).
3. Tomas Harris, *I'm OK. You're OK* (New York: Harper and Row, 1969), pp. xii-xiv.
4. Tournier, *op. cit.*, pp. 19, 38, 43.
5. Keith Miller, *The Becomers* (Waco: Word Books, 1973), pp. 132-133.

Capítulo 5

1. F. Scott Fitzgerald, *This Side of Paradise* (New York: Charles Scribner's Sons, 1920), pp. 17-18.

Capítulo 6

1. Jimmy Carter, *Why Not the Best?* (Nashville: Broadman Press, 1975), p. 129. (*¿Por qué no lo mejor?*)
2. Leonard Kaufman, *Magazine Journalism and the American Lifestyle*, capítulo 9, 1976, p. 123.
3. Carter, *op. cit.*, p. 132.
4. Jane Ann Webb, "Simplicity" (event, octubre 1973), p. 5

Capítulo 7

1. Tournier, *op. cit.*, p. 45, 53.
2. Karl Barth, *Dogmatics in Outline* (New York: Harper and Row, 1959), p. 123.
3. Colson, *op. cit.*, p. 130.

Johnnie Godwin se especializó en Griego y Religión en la Universidad de Baylor y posee una maestría en Teología por el Seminario Teológico Bautista del Suroeste. Johnnie vive en Nashville, Tennessee, y ha dedicado muchos años a la industria editorial, al pastorado y al asesoramiento. Escribir forma ahora parte de las actividades de su jubilación.